AF 242477

P. LALANNE

PROJETS
DE RÉFORMES SOCIALES

I. — Suppression des Octrois, des Patentes, de la Contribution foncière de l'Impôt des portes et fenêtres, des Cotes personnelle et mobilière et des Timbres-Quittances.

Leur remplacement par un Impôt unique de 6 francs par mille sur la fortune de la France permettant à l'Etat de rembourser à tout citoyen qui possède, les pertes qu'il éprouverait par suite de Sinistres, Incendie, Grêle, Inondations, Phylloxéra, Epizootie.

II. — Des Grèves.

III. — Moyens d'arriver à un Contrôle de la Chambre des députés.

IV. — Projet d'organisation agricole.

V. — De la séparation de l'Eglise et de l'Etat.

VI. — Réformes administratives.

VII. — Projets tendant à la diminution des Loyers des Classes ouvrières et des petits employés.

TROISIÈME ÉDITION

Mars 1884

Prix : 75 centimes.

PARIS

Imprimerie Lombardin, 148, Boulevard Voltaire

On trouve chez l'Imprimeur, chez les Libraires de France, et chez l'Auteur, 5, rue de la Collégiale, à Paris.

57/6
48

ANNEXES

ANNEXES

Copie d'une lettre de M. le Conseiller général Collin,
à M. Lalanne, 5, rue de la Collégiale.

Paris, le 28 février 1884.

Cher Monsieur Lalanne,

J'ai reçu la troisième édition de votre projet sur la suppression des octrois et de divers autres impôts, qui seraient remplacés par un impôt unique à 6 fr. par mille sur la fortune publique de la France, impôt qui, basé sur la plus stricte équité, fournirait au Trésor, même sans attendre la révision du cadastre, un excédent de recettes de 322 millions sur le produit actuel des impôts dont vous proposez l'abolition.

J'approuve votre projet sans aucune restriction et en ce qui me concerne, soyez assuré que je suis disposé à lui donner mon plus énergique appui.

Recevez, etc.

Signé : Collin, conseiller municipal.

Copie de la lettre adressée à M. Lalanne par M. le
Conseiller général de Ménorval.

Paris, le 1ᵉʳ mars 1884.

J'approuve votre projet de grand cœur. Je sais avec quel zèle, quelle compétence, mon cher Monsieur Lalanne, vous ne cessez de vous occuper de l'intérêt public.

Signé : E. de Ménorval.

Copie d'une lettre de M. Dufour, rentier, à Paris.

Monsieur Lalanne,

J'ai lu avec beaucoup d'attention votre projet adressé à M. le Président de la Chambre des députés.

Ce projet, largement conçu, présente un haut intérêt général ; il est si clairement expliqué et les avantages en sont si grands qu'il semble ne pouvoir manquer d'être apprécié.

C'est dans un cœur comme le vôtre, Monsieur, que naissent les généreuses pensées si utiles à tous ; je ne doute pas du succès : le bien doit toujours triompher.

Agréez, Monsieur, mes salutations empressées,

Signé : A. DUFOUR, 62, rue Saint-Lazare.

Copie de la lettre adressée aux membres du Groupe républicain des Amis du Travail, de la Justice et de la Liberté du Ve arrondissement, par M. LOCKROY, député.

Chambre des Députés   Paris, le 8 août 1883.

Mes chers Concitoyens,

Vous me demandez, au nom du Groupe des Amis du Travail, de la Justice et de la liberté du Ve arrondissement, le résultat de mes démarches au sujet de la suppression des octrois en France.

La Commission qui a été saisie de ce projet s'est réunie plusieurs fois déjà, mais jusqu'à présent elle n'a pas abordé la question des octrois et elle s'est bornée seulement à celle, importante aussi, des boissons. Elle doit s'entendre avec la Commission nommée sur la proposition de M. Ballue, pour l'examen des impôts en général ; il importe en effet que les deux Commissions ne prennent pas de résolutions contradictoires.

Croyez, mes chers Concitoyens, que je n'oublie pas quels intérêts puissants réclament la solution de cette question, et recevez, etc.

Signé : EDOUARD LOCKROY, député.

NOTA. — A la délégation du Groupe républicain des Amis du Travail, de la Justice et de la Liberté V⁰ Arrondissement qui, au mois d'avril précédent avait été reçue par M. Lockroy à qui elle avait remis le projet du citoyen Lalanne, qui comportait non pas seulement la suppression des octrois, mais aussi celle de divers autres impôts, M. Lockroy avait dit en substance :

« Citoyens, nous sommes en communion d'idées sur
« cette question, car étant moi-même l'auteur d'un projet
« pour la suppression de l'Octroi, projet déposé il y a
« bientôt un an sur le bureau de la Chambre, et dont
« l'étude a été remise pour diverses raisons, je ne puis
« moins faire que d'accueillir favorablement votre projet
« et soyez persuadés, Citoyens, que je le défendrai de
« tout mon pouvoir à la tribune, s'il est nécessaire. »

La Chambre des députés, ayant l'habitude de laisser dormir dans les cartons tous les projets utiles, se rattachant à la question sociale pour ne s'occuper que de politique et de questions de partis. M. Lockroy n'a pu mettre à exécution sa promesse de défendre mon projet à la tribune. Il faut espérer que l'occasion finira par se présenter.

Je ferai remarquer encore que mon projet étant une réforme complète de l'assiette de l'impôt, aurait pu être renvoyé non pas à la Commission chargée des octrois, mais à celle dont M. Ballue fait partie et qui est chargée de la réforme des impôts. En s'inspirant de mon projet, cette Commission de réforme se serait dispensée de stupéfier le pays tout entier par les projets insensés dont la presse nous a entretenus dernièrement.

P. LALANNE.

ADMINISTRATION DE L'OCTROI DE PARIS

Paris, le 25 août 1877,

Monsieur,

En réponse à votre demande du 20 août courant, j'ai l'honneur de vous transmettre ci-dessous le tableau des quantités de vins introduites dans Paris pendant l'exercice 1876, avec indication des droits perçus sur ces quantités, tant au profit du Trésor qu'à celui de la Ville.

OBJETS SOUMIS AUX DROITS	QUANTITÉS	DROITS PERÇUS	
		TRÉSOR	OCTROI
	Hectolitres	Fr.	Fr.
Vins en cercles.......	4.343.670	51.647.958	52.123.594
Id. bouteilles....	17.536	348.904	526.023

Je désire, Monsieur, que ces renseignements remplissent le but que vous vous êtes proposé en m'adressant votre lettre sus rappelée.

Recevez, Monsieur, l'assurance de ma considération distinguée.

Le Directeur de l'Octroi,
Président du Conseil d'administration,
Signé : De St-JULIEN.

MINISTÈRE DES FINANCES

Paris, le 7 octobre 1880.

Monsieur,

Par lettre du 10 septembre dernier, vous avez demandé au Ministre des Finances de vous faire connaître le produit brut, pour l'année 1879, des contributions *personnelle*, *mobilière* et *immobilière*.

J'ai l'honneur de vous informer que, d'après les résumés définitifs des rôles de 1879, le montant total des quatre contributions directes s'élève, pour le dit exercice, à la somme de . . . . 725,022,865 fr. 87 c. se décomposant ainsi qu'il suit :

Contribution foncière . . . . 351,516,441 fr. 71 c.
   »   personnelle . . . . . 16,418,857 fr. 50 c.
Contribution mobilière. . . . . . . 97,318,572 fr. 51 c.
   »   des portes et fenêtres   68,805,110 fr. 23 c.
   »   des patentes. . . . . 190,963,883 fr. 92 c.

Recevez, Monsieur, mes salutations.

Le Sous-secrétaire d'Etat,
Membre de la Chambre des députés,
Wilson.

—

Lettre du Directeur de l'Octroi.

Paris, 2 mars 1882.

Monsieur,

Quoique les comptes de l'exercice de 1881 ne soient pas définitivement arrêtés, j'ai tenu à répondre, sans retard, à la demande de renseignements, contenue dans votre lettre du 28 février dernier, je vous ferai seulement observer que je ne puis vous indiquer qu'un chiffre approximatif.

D'après les données dont l'Administration dispose en ce jour, le montant des produits de l'octroi, pendant l'exercice expiré s'élèverait environ à 148,256,271 fr. 06.

Recevez, Monsieur, etc.

Le Directeur de l'Octroi,
Président du Conseil d'administration,

Signé : BIGOT.

A Monsieur le Président de la Chambre des députés.

Paris, le 10 janvier 1884.

Monsieur le Président,

Le soussigné a l'honneur de venir vous soumettre le projet ci-joint, tendant à la suppression des Octrois, des Patentes, de la contribution foncière, de l'Impôt des portes et fenêtres, des Cotes personnelle et mobilière et des timbres-quittances.

Tous ces impôts seraient remplacés par un *impôt unique de 6 francs par mille sur la fortune publique de la France*, qui est évaluée à 222 milliards, par le docteur Vacher, dans le *Journal de Statistique* du 11 novembre 1878.

Il est à remarquer que ce chiffre, pris sur l'ancien cadastre, est loin d'être exact et qu'il pourrait être doublé. En le prenant pour base, il en résulterait néanmoins un excédent de recettes de 322 millions, sur le produit actuel des Impôts.

Au moyen de ce nouvel impôt, qui devrait être dénommé *Impôt de la Solidarité fraternelle des Citoyens Français*, tous les citoyens seraient assurés de plein droit, contre l'Incendie, la Grêle, les Inondations, le Phylloxera et l'Epizootie.

Cette combinaison dont les développements sont exposés le plus brièvement possible, outre l'avantage qu'elle présente d'augmenter les ressources de l'Etat et de faire face aux difficultés financières qui ne font que s'accroître d'année en année, nous menaçant d'un cataclysme prochain, donne de plus satisfaction aux revendications les plus légitimes de la Démocratie.

Le soussigné ose donc espérer, Monsieur le Président, que votre haut appui ne lui fera pas défaut, et il vous prie de vouloir bien agréer l'hommage de son profond respect.

Signé : P. LALANNE,

5, Rue de la Collégiale, à Paris.

Vu par nous, maire du Vᵉ arrondissement (Panthéon), pour la légalisation de la signature de M. Lalanne.

LE MAIRE,

Signé : DELAGRAVE.

Paris, le 10 janvier 1884.

———

Paris, 8 janvier 1884.

Le Groupe Républicain des Amis du Travail, de la Justice et de la Liberté du Vᵉ Arrondissement, après avoir, dans ses réunions, étudié et discuté de la façon la plus sérieuse le projet du citoyen Lalanne, déclare y donner sa complète adhésion et a l'honneur de le recommander à la bienveillante attention du Gouvernement.

(Suivent les signatures)

Résolutions votées à la Salle Rivoli.

Les différents groupes Républicains indépendants convoqués à la Salle Rivoli, le 24 février 1884, par le *Groupe des Amis du Travail et de la Liberté*, du Ve Arrondissement.

Après avoir entendu les explications du citoyen Lalanne sur un projet de suppression des octrois, patentes, des portes et fenêtres, de la conribution foncière et du timbre-quittance, qu'il a déposé à deux reprises différentes à la Chambre des députés.

Après avoir examiné et discuté les avantages pratiques qui résulteraient du remplacement de ces impôts par un impôt unique à 6 francs par mille sur la fortune publique de la France, lequel impôt rapporterait 322 millions de plus que le produit des impôts actuels et assurerait en même temps tout citoyen par l'Etat contre les pertes qu'il pourrait éprouver par suite de sinistre, incendie, grêle, inondation, phylloxera et épizootie,

Considérant que ce projet remplit toutes les conditions désirables de justice, de facilité de perception et d'économie, qu'il apporterait en outre un soulagement immense à la situation malheureuse des travailleurs.

A l'unanimité, moins deux voix, lui donnent leur entière approbation et prient les membres du Parlement de le prendre en sérieuse considération et de le discuter au plus tôt.

———

Chambre des Députés.   Paris, le 9 février 1883.

———

La 8e Commission des pétitions a prononcé l'ordre du jour sur la pétition de M. Lalanne, inscrite au rôle général sous le n° 757.

Cette résolution est insérée au *Journal Officiel* du

9 février 1883. (Application de l'article 66 du règlement de la Chambre des députés.)

Sommaire de la pétition et motifs de la Commission.

PÉTITION N° 757. — Le sieur Lalanne, à Paris, soumet à la Chambre un ensemble de considérations sur la suppression des impôts d'octroi, des patentes, des portes et fenêtres, etc.

Motifs de la Commission. — Dans un projet soigneusement étudié, MM. Lalanne et Couteleau proposent la suppression de l'octroi, des impôts, des portes et fenêtres, des patentes et du timbre des quittances et successivement de l'impôt foncier et de l'impôt personnel et mobilier.

Ils les remplaceraient dans leur système par un impôt ou assurance sur les propriétés bâties, les mobiliers et les marchandises.

La prime annuelle de 6 francs par mille serait perçue sur le capital des propriétés de cette nature, qui, suivant les pétitionnaires, doit être évalué à 200 milliards et donnerait un produit de 1,200 millions par an.

Cet impôt qui s'ajouterait aux autres contributions et deviendrait une aggravation des charges donnerait à tout contribuable ou assuré le droit d'être indemnisé de toutes les pertes résultant de l'incendie, de la grêle et de l'inondation (1).

Le règlement de la Chambre interdit à la Commission l'examen de cette pétition, dont les auteurs n'ont pas fait légaliser leurs signatures. Elle ne peut donc qu'exprimer l'avis qu'il soit passé à l'ordre du jour. (*Ordre du jour.*)

---

(1) On remarquera qu'il est difficile de s'expliquer une erreur aussi matérielle de la part d'une Commission de la Chambre. Loin d'être une aggravation de charges et un nouvel impôt ajouté aux autres, mon projet supprime au contraire sept impôts écrasants pour les pauvres, qui atteignent le salaire des travailleurs, lequel restera entier pour les besoins de la vie.

LALANNE.

La présente lettre a été adressée à tous les députés de la Seine, Seine-et-Oise, Rhône, Gironde, Basses-Pyrénées Hérault et Gard.

Paris, le 24 Mars 1884.

MONSIEUR LE DÉPUTÉ,

J'ai l'honneur de vous faire parvenir un exemplaire de la 3ᵐᵉ Edition de mon projet de transformation de l'Impôt, projet depuis longtemps déjà déposé à la Chambre, avec une pétition du *Groupe des Amis du Travail et de la Liberté,* du Vᵉ Arrondissement de Paris.

La réforme de l'assiette de l'Impôt s'impose brutalement aujourd'hui à nos législateurs et formera la partie essentielle des programmes de tous les Comités républicains de France aux prochaines élections générales.

L'impossibilité où l'on se trouve d'équilibrer le budget, la situation fâcheuse du Commerce et de l'Industrie, paralysés par une foule d'entraves, l'intensité d'un chômage qui atteint les ouvriers de la plupart des corporations les difficultés de la vie matérielle se multipliant sans cesse par suite de la cherté toujours croissante des denrées alimentaires et des loyers, sont autant de faits dont la gravité préoccupe certainement nos mandataires. Ils ne peuvent en effet avoir oublié qu'ils ont pris l'engagement de veiller scrupuleusement aux intérêts du pays et qu'ils ont le devoir de rechercher avec sollicitude les moyens les plus prompts d'améliorer la situation de toutes les classes laborieuses.

En présence de l'accueil favorable que fait partout le public à mon projet, tant en province qu'à Paris et des nombreuses lettres de félicitations et d'encouragement que je reçois journellement de tous côtés, j'ai pensé, Monsieur le Député, que vous voudriez bien examiner attentivement ce projet et le soutenir énergiquement à la Chambre au moment de la discussion.

Quoiqu'il en soit, je vous serais reconnaissant de m'honorer d'une réponse.

Veuillez agréer, Monsieur le Député, l'expression de mon respect.

LALANNE
5, Rue de la Collégiale à Paris

PROJET

POUR LA SUPPRESSION DES OCTROIS

DES PATENTES

DE LA CONTRIBUTION FONCIÈRE

DE L'IMPOT DES PORTES ET FENÊTRES

DES

COTES PERSONNELLE ET MOBILIÈRE

ET DES TIMBRES-QUITTANCES

———

LEUR REMPLACEMENT

PAR UN IMPOT UNIQUE

DÉNOMMÉ

IMPOT DE LA SOLIDARITÉ FRATERNELLE

DES CITOYENS FRANÇAIS

Frappant d'un droit fixe de 6 francs par mille la fortune publique
en France et dont le produit permettrait à l'Etat
de garantir celui qui possède contre l'Incendie, la Grêle, les Inondations,
le Phylloxera et l'Epizootie.

PROJET

Il y a plus de sept ans déjà que j'ai conçu le projet sur lequel j'appelle aujourd'hui l'attention publique. J'ai donc pu mûrir mon idée avec le plus grand soin. J'ai consacré, pour la faire connaître et discuter, tout le temps et l'argent dont je pouvais disposer, et deux éditions de ma brochure ont été distribuées gratuitement au public.

Déposé une première fois à la chambre des députés en 1882, mon projet ne put être discuté par suite de l'omission de la légalisation de ma signature et le 9 février 1883, la 8e Commission des pétitions a prononcé l'ordre du jour.

Depuis, et à la date du 8 avril dernier, il fut remis de nouveau entre les mains de M. Lockroy, député. Je m'étais cette fois mis en règle avec le règlement de la Chambre. Je ne fus pas plus heureux pour cela.

Enfin, le 10 janvier 1884 et pour la troisième fois, mon projet fut remis à M. le Président Brisson, accompagné d'une pétition revêtue de la signature de tous les membres du Groupe Républicain des Amis du Travail et de la Liberté du V⁰ Arrondissement, qui, pendant une année, dans ses réunions hebdomadaires, l'a étudié, discuté et enfin chaleureusement approuvé.

Dans diverses réunions publiques, où toutes les nuances du parti républicain se trouvaient représentées, la même approbation unanime est venue m'encourager et plusieurs journaux, entre autres la *Ville de Paris* ont bien voulu consacrer à mon projet plusieurs articles favorables.

C'est dans ces conditions que je fais aujourd'hui paraître cette nouvelle édition de ma brochure, me réservant d'ailleurs de répondre à toutes les objections qui pourraient m'être transmises.

— —

Il n'est pas de sujet plus sérieux et plus grave que celui des impôts que la Société est obligée de payer pour assurer le bon fonctionnement des institutions qu'elle s'est données et la défense du sol de la patrie. Le bien-être matériel et moral d'une nation dépend en effet tout à la fois des charges qui lui incombent et de l'esprit de justice qui préside à leur répartition. Cette répartition est-elle exercée d'une manière équitable? Evidemment non, et c'est là toute la question. Je n'ai pas la prétention de parler d'une chose nouvelle ; depuis longtemps des esprits sérieux se sont préoccupés des moyens de remédier au mal et de nombreux ouvrages qui révèlent certainement une grande science économique ont été écrits pour démontrer la nécessité d'une réforme de l'assiette de l'impôt. On se souvient de la discussion qui eut lieu au Conseil municipal de Paris sur la suppression des octrois. M. Yves-Guyot, dans un discours éloquent, a fourni au Conseil des détails instructifs sur lesquels nous aurons du reste l'occasion de revenir. Les chiffres et les faits cités dans les remarquables séances du

20 mai et des 1er, 3, 5 et 15 juin 1880 suffiraient pour montrer combien est inique la base de l'impôt des octrois.

Ancien employé de l'octroi, j'ai pu étudier de près le fonctionnement de cette Administration. C'est en connaissance de cause que je puis parler aussi d'un impôt qui frappe les objets de première nécessité et dont la plus forte charge est supportée par les prolétaires, les travailleurs, les déshérités de la fortune et je crois être l'interprète du sentiment commun en disant que l'impôt alimentaire froisse la raison et foule aux pieds toutes les règles de la justice, qu'enfin il doit être au plus tôt aboli et remplacé.

Je ne crains pas d'affirmer que les révolutions se succéderaient de génération en génération si nos lois sociales maintenaient un semblable état de choses.

Les classes pauvres qui consomment les aliments les plus grossiers sont autant frappées que les classes riches dont la nourriture est délicate ; de plus, le travail corporel nécessitant une plus grande dépense de forces, oblige à une plus grande consommation d'aliments ; l'impôt est donc progressif à rebours.

Les vins de haut prix ne devraient-ils pas payer plus cher que les vins communs qui sont la boisson des travailleurs. Ce serait évidemment de toute justice ; il devrait en être de même pour les eaux-de-vie, tandis que les fines champagnes sont taxées à l'égal des 3/6 dédoublés.

On peut en dire autant des viandes : les morceaux de qualité inférieure paient comme ceux de premier choix ; l'octroi ne fait d'exception que pour les abats. Il y a encore là un droit de 2 1/2 à 10 pour cent de la valeur, car le morceau vendu 4 francs le kilo ne paie que 10 centimes 1/2 comme celui qui se vend un franc.

Dans toutes les denrées on rencontre la même inégalité.

Les droits d'octroi pèsent donc plus lourdement sur

les uns que sur les autres ; le pauvre est atteint dans des proportions considérables, le riche au contraire est à peine frappé. C'est tout simplement monstrueux.

La perception est établie sur la quantité et non sur la qualité et comme on peut toujours contester la qualité, tandis que la quantité est indiscutable, il n'y a pas de substitution possible à établir dans le mode de perception ; il n'y a qu'un seul remède, c'est la suppression complète de l'impôt lui-même.

Outre l'assiette vicieuse de cet impôt, la perception en est coûteuse et vexatoire. C'est une inquisition révoltante, c'est une atteinte grave portée à la liberté et, sous un régime démocratique, cette seule raison suffirait pour en condamner le maintien. J'ai dit qu'elle était onéreuse ; elle est en effet de plus de huit pour cent du montant des taxes ; la perception d'un impôt unique serait à peine de 2 1/2 pour cent et produirait encore de ce chef une économie considérable.

Dans la séance du 5 juin 1880 du Conseil municipal de Paris, M. Reygeal a cité un exemple frappant de l'iniquité de l'impôt de l'Octroi.

« Chaque habitant de Paris, disait-il, paie annuellement à l'Octroi 75 francs. Un ouvrier qui gagne 5 francs par jour, ce qui équivaut à environ 1,500 francs par an, et c'est une haute moyenne, en payant 75 francs de taxes d'octroi est frappé dans son salaire d'un impôt de 5 pour 100 et ces 5 pour cent atteignent chacun des membres de sa famille, alors que fort souvent il est seul à gagner ; donc, en supposant à l'ouvrier une moyenne de deux enfants, il paie 20 pour 100 sur son revenu, lequel revenu est très aléatoire, puisque la maladie ou le chômage peuvent, du jour au lendemain, le supprimer.

« Imposez donc de 20 pour cent les revenus d'un propriétaire, d'un rentier ou les bénéfices d'un commerçant. Personne n'oserait faire une semblable proposition : on dirait que c'est un attentat à la classe qui possède ; cependant, l'ouvrier qui gagne 1,500 francs et qui a une famille composée de quatre membres, est incontestablement frappé de cet impôt énorme, tandis qu'un bourgeois, jouissant d'un revenu de 20,000 francs qui a une famille composée aussi de quatre personnes, paye 3 pour 100 sur son revenu ; et voyez combien est injuste et absurde la base de cet impot : sa quotité diminue en raison directe de l'élévation des revenus du contribuable, de telle sorte que quand on arrive aux grandes fortunes, il n'est presque plus appréciable : le rentier qui a un million deux cent mille francs de rente ne paye plus que 1/2 pour cent sur son revenu. »

Je crois devoir faire remarquer ici que les chiffres cités par M. Reygeal, me paraissent bien en dessous de la vérité.

En effet, un ouvrier dont le salaire est évalué à 1,500 fr., payant 75 francs de droits d'octroi, soit 5 0[0 ou 1[20° de son salaire, si l'on fait le même calcul pour un rentier ayant 20,000 fr. de revenu et qui, comme l'ouvrier, paie également 75 francs de droits d'octroi on obtient :

$$\frac{75}{20,000} \because \frac{x}{100} = 0,375 \ 0[0, \text{ soit 18 millionièmes de son revenu.}$$

On voit donc, en comparant ces deux chiffres,

$$1[29 \text{ et } \frac{18}{1,000,000°}$$ dans quelle proportion décroît le taux de l'impôt subi par le contribuable lorsque son revenu augmente.

Ce taux, si écrasant pour le petit revenu est à peine appréciable pour le gros rentier et presque nul pour celui qui a 1 million de rente, car il n'est plus que de 0,0075 0[0.

Si l'on suppose chacune des familles dont il s'agit composée de 4 membres, on voit que l'ouvrier paiera 20 pour 100, le possesseur de 20,000 francs de revenu 1,50 0[0 et celui qui a 1 million de rente 0 fr. 03 c. 0[0.

M. Reygeal continuait ainsi :

« J'ajouterai et personne ne me contredira que la classe travailleuse consomme une quantité d'aliments beaucoup plus grande que la classe riche : d'abord parce que les aliments qui sont à la portée de sa bourse sont de qualité inférieure ; ensuite parce que étant occupée à des travaux corporels, la digestion et la combustion sont plus actives ; l'individu employé à un travail dur, si je puis m'exprimer ainsi, use davantage. Je crois avoir bien démontré que les taxes d'octroi sont payées surtout par les pauvres.

« Mais il y a d'autres considérations qui militent en faveur de tous ces projets tendant à la suppression des octrois ; il y a la gêne et les entraves qu'ils apportent dans les transactions commerciales. Ne nous est-il pas arrivé de voir aux diverses barrières de Paris, des files de voitures, de camions, de chariots, etc., attendant leur tour de visite ? Certaines marchandises sont très difficiles à apprécier et demandent énormément de temps pour être mesurées.

« Je connais un entrepreneur de transports qui m'a assuré qu'il estimait à un minimum de 100 francs par jour le temps perdu aux diverses barrières de Paris par ses hommes et par ses chevaux. Qui donc supporte ces 100 francs par jour ? Mais c'est le contribuable, puisque l'entrepreneur de transports les fait supporter au propriétaire de la marchandise, lequel est obligé de majorer son prix de revient des frais généraux et de transports afférents aux marchandises qu'il vend.

« Indépendamment de la taxe perçue, l'Octroi cause donc une hausse sur tous les produits introduits dans Paris ; par la perte de temps aux barrières, il entrave l'alimentation de la ville, même pour les objets non soumis à l'octroi, car il faut que chaque voiture subisse la visite. Vous n'avez qu'à vous rendre à une barrière par laquelle entrent les maraîchers et vous verrez que leurs voitures chargées de légumes perdent à peu près autant de temps que si elles étaient chargées de matières imposables ; nous payons 7 millions pour le temps que passent aux barrières les employés de l'Octroi ; à combien faut-il estimer le temps perdu par ceux qui sont soumis à la visite et qui tous conduisent un ou plusieurs chevaux ? Je ne crois pas l'exagérer en l'estimant à trois fois la valeur que nous payons pour faire la perception, soit 21 millions. Si nous additionnons les frais de perception payés par les contribuables et le temps perdu par le commerce, également payé par les contribuables, nous arrivons à une somme qui n'est pas bien inférieure à 30 millions.

« Je ne m'étendrai pas davantage sur les inconvénients des octrois ; nous allons maintenant examiner quelques-uns des avantages qui résulteraient de leur suppression.

« Ces avantages seraient immenses ; incaculables ; nous verrions d'abord la santé publique s'améliorer par la facilité de l'alimentation de Paris. La consommation de la viande et du vin prendrait tout le développement qu'elle comporte, puisqu'il n'y aurait plus aucun obstacle.

« La fraude disparaîtrait, le commerce de transit prendrait un développement énorme, l'industrie une grande extension par la libre entrée de la houille et de tous les matériaux dont elle se sert. L'industrie du bâtiment ne serait plus gênée par les taxes d'octroi qui pèsent sur elle très lourdement, car 100 kilogrammes d'huile de lin, servant à la peinture, coûtent en ce moment 70 francs et paient 48 francs de droits d'octroi.

« Si l'expérience de l'abolition des octrois n'avait pas été faite dans d'autres pays, notre projet serait d'une hardiesse téméraire, car l'Administration française n'est pas très portée aux réformes ; mais puisque d'autres pays s'en sont affranchis et qu'ils s'en trouvent bien, pourquoi ne nous délivrerions-nous pas de cette inquisition permanente ? »

C'est ainsi que s'exprimait M. Reygeal et ce langage

est d'une vérité saisissante. Oui, notre système d'impôt est exécrable. Les impôts devraient être proportionnels ; c'est là un principe de droit public auquel manquent les contributions indirectes qui font faire l'avance de l'impôt par celui qui ne possède rien, au lieu de le faire faire par celui qui a. Et qu'on le sache bien, si le pays a supporté jusqu'à présent, grâce à son activité, à son énergie un pareil système fiscal, il ne faut pas en conclure qu'il puisse être toujours maintenu sans danger. Il faut d'ailleurs se placer à un point de vue plus élevé et considérer ce qu'un pays comme le nôtre pourrait faire si ces taxes exécrables disparaissaient.

La même inégalité, la même violation de la logique et de la justice, que l'on rencontre dans les taxes d'octroi, se retrouvent dans les autres impôts.

Voici, par exemple, un ouvrier qui, à force de privations, est arrivé à amasser un petit pécule ; les besoins grandissent avec la famille, mais le salaire augmente peu ; soucieux du lendemain, il s'ingénie à trouver quelque moyen : bref, il loue un petit recoin, une petite boutique, sa femme y vendra quelques légumes et fruits. Qu'arrive-t-il alors ? Cet honnête travailleur que notre état social devrait aider et secourir, se voit au contraire frappé par le fisc de l'impôt sur le droit au travail, c'est-à-dire de la patente, sans préjudice de l'impôt des cotes personnelle et mobilière, etc., venant s'ajouter aux droits d'octroi, autant de pieuvres qui l'étreignent et auxquelles il ne pourrait chercher à échapper sans se voir saisir en vertu de la loi.

N'est-il pas souverainement injuste que le pauvre bûcheron qui aura construit lui-même sa cabane ne puisse y faire pénétrer l'air et la lumière du jour, sans être obligé de payer l'impôt des portes et fenêtres, au même taux que celui qui sera perçu sur un somptueux hôtel ?

Il existe rue de Bellechasse un hôtel appartenant à

M. le duc de M.... et qui comprend, avec dépendances, jardins, bosquets, une superficie de dix mille mètres de terrain environ, dont la valeur augmente annuellement en raison de l'accroissement de la population. Sait-on combien paie M. le duc de M.... d'impôt foncier? 62 fr. environ et la femme du malheureux ouvrier dont je viens de parler paiera 70 francs de patente.

La princese de S.... possède une immense propriété enclavée entre les rues de Grenelle, Saint-Dominique et l'esplanade des Invalides; je ne crois pas exagérer en portant sa superficie à 30 mille mètres. Or, que paie d'impôt foncier cette riche princesse? Environ 180 francs.

Ces exemples là sont nombreux, il n'y a que l'embarras du choix et l'on comprend que les hommes de la Constituante en 1791 aient osé faire de la contribution foncière la principale base de l'impôt.

Mais il est difficile d'évaluer le revenu net sur lequel repose la contribution foncière. L'article 59 de la loi du 3 frimaire an VII dit en effet que les parcs, jardins, pièces d'eau, etc., sont cotisés au taux des meilleures terres labourables de la commune; mais comme il n'y a pas de terres labourables à Paris, on prend pour base celles de la commune la plus voisine valant 5 à 6,000 fr. l'hectare, tandis qu'à Paris certains terrains valent de 10 à 15 millions l'hectare.

Cette évaluation appliquée à un grand nombre d'établissements, à des communautés religieuses, entre autres, dont quelques-unes possèdent jusqu'à 40,000 mètres de terrain est absolument dérisoire.

La contribution personnelle n'est pas plus équitable, car au lieu d'être basée sur les ressources des contribuables, on compte simplement les têtes.

La contribution mobilière repose sur le chiffre du loyer. Or le loyer est une charge pour l'individu qui a une nombreuse famille et qui est ainsi obligé d'avoir un loyer considérable, tandis qu'un célibataire peut se contenter d'un petit logement.

Il faut donc faire disparaître tous ces impôts. Nous n'avons.vu jusqu'ici que des lamentations stériles sur le sort du travailleur. Il est temps d'entrer dans la voie des réformes sociales toujours promises et toujours ajournées. Plaindre ceux qui souffrent et donner aux plus nécessiteux un secours qui a le caractère d'une aumône n'est pas résoudre la question sociale. Combien d'ouvriers, combien d'employés chargés de famille attendent la réalisation de toutes les promesses contenues dans les programmes électoraux !

Qu'on se hâte donc d'apporter un soulagement à leur sort par le dégrèvement de toutes les denrées alimentaires, de toutes les boissons. Que le travailleur qui ne boit que du vin commun, pour réparer ses forces, ne soit plus contraint de s'empoisonner avec le vin falsifié qu'on lui vend aujourd'hui, conséquence des droits d'octroi. Car à Paris le vin paie 18 fr. 87 par hectolitre de droits ; le prix courant actuel du vin ordinaire étant de 50 francs l'hecto ; si nous ajoutons les frais de logement, 3 francs ; de courtage, 1 franc, le bénéfice du marchand en gros, 5 francs et celui du détaillant à 0 fr. 20 c. par litre, nous obtenons un total minimum de prix de vente au détail de 0,98 centimes. Il est donc bien évident que la vente du vin à 0,60 et 0,70 centimes le litre ne peut s'expliquer que par les falsifications.

Les tribunaux condamnent, il est vrai, les falsificateurs, mais pour être justes, ils devraient condamner tous ceux qui vendent du vin ; tous sont coupables à différents degrés, depuis le détaillant jusqu'au marchand en gros, mais il faut l'avouer, c'est encore le gouvernement qui est le plus coupable.

Le malheureux détaillant, entraîné par la concurrence, accablé de charges, se trouve amené à altérer les produits naturels au détriment de la santé publique, pour éviter la faillite.

La loi, malgré ses rigueurs, ne réussira jamais, dans les conditions actuelles, à empêcher la fraude.

La vigne n'est-elle pas assez éprouvée par le phylloxera ? Laissons donc circuler librement, dans toute la France, nos vins si enviés de nos voisins ; nous aurons alors à Paris des vins naturels, légers, agréables et sains, à 40 et 50 centimes le litre, qu'on n'y rencontre guère actuellement, car, ne supportant pas le mouillage, ils reviendraient à un prix relativement plus élevé que les gros vins, et on les délaisse par économie.

C'est surtout à Paris qu'on ne peut, sans danger pour la santé, faire usage de produits frelatés ; l'air qu'on y respire en pleine rue est loin d'être pur. Qu'est-ce donc dans ces ateliers où se trouvent réunis de grandes quantités d'ouvriers ? C'est pourtant à Paris que se consomment le moins d'aliments naturels et il est vraiment étonnant que la mortalité n'y soit pas plus considérable.

Que nos gouvernants, laissant enfin de côté des arguments politiques dont on est lassé, aient le courage de faire une réforme fiscale si nécessaire à l'amélioration des classes nécessiteuses et ils auront bien mérité de la patrie. Leur devoir n'est-il pas d'étudier sérieusement toutes idées qui paraissent devoir être utiles au pays. Nous ne sommes plus heureusement au temps où le cardinal de Richelieu faisait enfermer à Bicêtre, Salomon de Caus, pour avoir osé soutenir qu'au moyen seul de la vapeur, on pouvait obtenir une force motrice considérable. La découverte de ce martyr de la science, qui mourut dans un cabanon infect a, depuis, révolutionné le globe. Il est malheureusement bien rare encore aujourd'hui qu'une idée nouvelle, quelle qu'elle soit, surtout lorsqu'elle émane d'un ouvrier obscur, trouve appui en haut lieu.

En ce qui concerne la réforme de l'assiette de l'impôt, il s'agit d'abord de trouver une combinaison basée sur les principes du droit et de la justice, qui assure au Trésor un revenu égal au montant des impôts qu'on doit supprimer. Je sais bien que l'on dit que notre Chambre des Députés renferme deux éléments, les uns, indignes de faire de la politique parce qu'ils n'osent pas agir et accepter la responsabilité de leurs actes; les autres qui n'ont cherché à entrer au Parlement sous l'étiquette républicaine que pour faire obstacle à toute réforme qui puisse porter atteinte aux privilèges des classes riches, dites dirigeantes, dont ils sont le plus bel ornement. Je n'ai pas à m'arrêter à cette considération parce que, lorsqu'un peuple connait ses droits, il trouve toujours moyen de les obtenir si on les lui refuse. Que la nouvelle taxe appliquée doive mécontenter les gros propriétaires, tous les gens richissimes, dont la seule occupation est de s'évertuer à rechercher chaque jour de nouveaux plaisirs, c'est encore possible; et il m'importe peu de froisser des préjugés et même des intérêts particuliers. Ce que nous devons vouloir, ce qui est de toute justice, c'est que chacun supporte sa part proportionnelle d'impôt.

Le projet Yves-Guyot dont j'ai déjà parlé taxe à 2 pour mille la valeur vénale des terrains bàtis ou à bàtir et tous les établissements particuliers quelle qu'en soit la destination. Ce système a le tort d'ajouter un nouvel impôt à ceux qui existent déjà et il ne s'applique d'ailleurs qu'à Paris. Il ne supprime pas complètement les octrois, il ne fait que réduire. C'est évidemment un progrès et l'application de ce projet eût pu donner d'ex_ cellents résultats. L'expérience peut seule d'ailleurs condamner ou approuver les impôts.

Je n'ai pas non plus la prétention de présenter une combinaison irréprochable, mais j'ai la conviction, et tous ceux qui ont étudié et discuté ma proposition pensent de même, que mon système est celui qui offre le moins d'inconvénients et le plus d'avantages.

Je propose donc la suppression :

1° De l'*Octroi en France*, impôt qui serait mieux dénommé l'impôt sur le salaire des travailleurs et qui produit en recette brute 265 millions ;

2° De *la Patente* qui est un impôt sur le travail et dont le produit est de 191 millions ;

3° De la *contribution foncière* rapportant .... 352 millions

4° De l'*Impôt des Portes et Fenêtres*.... 69 —

5° De la *cote personnelle* .... 17 —

6° De la *cote mobilière* .... 98 —

7° Du *timbre-quittance* .... 18 —

    Soit au Total .... 1 milliard 10 millions

Et le remplacement de tous ces impôts par un *impôt unique* qui pourrait être justement appelé : *Impôt de la solidarité fraternelle des citoyens français.*

Au moyen de cet impôt calculé à 6 francs par mille sur la fortune publique de la France, tout citoyen serait garanti de plein droit par l'Etat pour tout ce qu'il possède en meubles, immeubles, marchandises, etc. (exception faite du numéraire et des papiers d'affaires qui ne peuvent être garantis) et serait remboursé dans le plus court délai des pertes qu'il pourrait éprouver par suite de sinistre, incendie, grêle, inondations, phylloxera et épizootie.

Les sinistres seraient immédiatement constatés par une commission communale et permanente composée du contrôleur des contributions directes, des répartiteurs du juge de paix du canton et du maire de la localité. Cette commission serait convoquée et présidée par le maire de la localité sinistrée.

La fortune de la France, d'après l'évaluation du docteur Vacher, publiée dans le *Journal de Statistique* du 11 Novembre 1878, et dans le journal " *Paris* ", du 12 mai dernier s'élève à 222 milliards ; dans ce chiffre la propriété non bâtie figure pour 146 milliards 624 millions. Cette évaluation prise sur l'ancien cadastre aurait pu être exacte, il y a 60 ans ; aujourd'hui, si l'on révisait le cadastre, opération qui serait la conséquence obligée de l'adoption de mon projet et aussi un acte de haute justice qu'on ne cesse de réclamer, on pourrait, sans exagération, doubler le chiffre du docteur Vacher, soit 400 milliards en chiffres ronds, ce qui, à 6 pour mille, produirait 2 milliards 400 millions. En abaissant à 4 pour mille au lieu de 6 le taux de l'impôt, on aurait encore un revenu de 1 milliard 600 millions ; soit 590 millions de plus que le revenu des impôts supprimés.

Si nous nous contentons de l'évaluation basée sur l'ancien cadastre, sans tenir compte de l'immense plus-value acquise par la propriété, nous trouvons encore, à 6 pour mille, un excédent de recette de 322 millions.

Et encore à ce chiffre de 222 milliards que nous admettons, faut-il ajouter le montant de tout ce qui représente un capital fixe, tableaux, objets d'art, etc., ayant une valeur considérable, les machines, les marchandises, etc., qu'il n'est nullement difficile d'évaluer, puisque les Compagnies d'Assurances le font et que les registres d'un commerçant sont un renseignement parfaitement exact.

On ne peut donc établir avec plus de raison et d'équité un impôt qui permette l'abolition de cette multitude d'impôts vexatoires et iniques, si écrasants pour le pauvre, si insignifiants pour le riche.

Pour connaître la fortune de la France et afin d'ar-

river à une évaluation aussi exacte que possible, il
suffirait de prescrire aux maires de toutes les communes de prendre un arrêté obligeant tout citoyen
à déclarer dans un délai de 15 jours à la mairie de la
commune, la valeur exacte de ce qu'il possède en propriété bâtie ou non bâtie, meubles et marchandises, tableaux, objets d'art, etc. On prendrait pour les marchandises dont les quantités sont susceptibles de varier
souvent, une moyenne ainsi qu'il est fait par les compagnies d'assurances.

Les déclarations de ces valeurs seraient forcément
exactes, car devant servir de base pour les indemnités à
accorder en cas de sinistres ou d'expropriations pour
cause d'utilité publique, la sécurité de chaque citoyen
dépendrait de sa propre déclaration. Il serait d'ailleurs
nommé une commission municipale chargée du contrôle
et de la vérification desdites déclarations.

Un mois suffirait ainsi pour connaître très approxima-
tivement la fortune de la France. Le chiffre obtenu servirait à fixer le taux de l'impôt qui pourrait certainement
être réduit à 4 pour mille comme je le disais tout à
l'heure.

En calculant le produit de l'impôt à 6 francs par mille
sur le chiffre précité extrêmement inférieur à la vérité,
de 222 milliards par exemple, on obtiendrait encore un
excédent de 322 millions sur le montant des impôts actuels, excédent qui serait employé de la manière suivante :

200 millions au paiement des pertes éprouvées
par suite de sinistre. Cette somme serait plus que suffi-
sante, le montant des pertes occasionnées dans l'année
la plus éprouvée n'ayant pas dépassé 120 millions. Les
80 millions composant le reliquat formeraient un fonds
de réserve.

Il y a lieu de faire remarquer que la sécurité donnée aux travailleurs agricoles, en leur assurant le fruit de leur travail, serait un encouragement efficace à l'agriculture qui prendrait un nouvel essor. Le paysan ne fuirait plus la campagne, les travaux des champs ne manqueraient bientôt plus de bras comme aujourd'hui. Le laboureur n'aurait plus à trembler pour ses récoltes à la vue d'un orage menaçant de grêle, en pensant à la misère qui doit s'en suivre. J'ai eu la triste occasion de voir ce tableau navrant de récoltes grêlées. J'ai vu le désespoir de ces pauvres gens qui entrevoyaient avec joie la récompense de leurs rudes travaux et à qui il a suffi d'un quart-d'heure pour être plongés dans la plus affreuse misère. La plume est impuissante à retracer le tableau de ces poignantes situations dont le souvenir est ineffaçable ;

60 millions seraient ensuite appliqués à la réduction des droits d'enregistrement ;

20 millions à la réduction du prix du gaz à Paris ;

20 millions à la diminution du prix des loyers à Paris par l'achat de terrains où seraient établies des constructions à l'usage des ouvriers et des petits employés, *pères de famille ;*

20 millions seraient répartis comme excédent au marc-le-franc, entre les communes ayant un octroi supprimé qui toucheraient ainsi, en recette nette, un revenu plus élevé que celui qu'elles perçoivent en recette brute ;

2 millions serviraient à venir en aide aux ouvriers inventeurs, ce qui leur permettrait d'exploiter leurs inventions et les engagerait ainsi à rester dans leur patrie et à ne pas faire profiter l'étranger du résultat de leurs travaux.

En ce qui touche le placement des employés de l'octroi, après sa suppression, je ne pense pas qu'on puisse trouver là un obstacle sérieux.

Les employés ayant 20 années de service, seraient mis à la retraite entièe.

Ceux du grade de contrôleurs et au-dessus seraient versés dans les bureaux des différents ministères et les employés des grades inférieurs classés dans les diverses administrations de l'Etat et des villes, en conservant leurs grades ou traitements correspondant aux grades.

Ceux qui en feraient la demande seraient admis à la retraite proportionnelle, en bénéficiant de cinq années de service.

De même les employés de tous grades ayant dix ans de service révolus, pourraient prendre leur retraite au bout de dix autres années, bénéficiant ainsi comme les premiers, de cinq années de service.

La retraite proportionnelle pourrait être appliquée à tous les employés ayant dix ans de service, en les faisant bénéficier de cinq années.

En résumé, par la combinaison que je propose, l'assiette de l'impôt se trouverait modifiée sur une base équitable, économique et pratique. On verrait, entre autres, disparaître l'impôt odieux de l'octroi qui grève les salaires déjà insuffisants, compromet la santé publique par les falsifications qu'il occasionne et dont le mode d'application est contraire à tous les principes du droit et de la justice. On économiserait non-seulement tous les frais inutiles que nécessite la perception de tous les impôts supprimés, mais on obtiendrait en outre un excédent de recettes considérable, se chiffrant par centaines de millions, ce qui permettrait au Gouvernement d'abandonner les expédients vexatoires et inefficaces auxquels il a recours actuellement pour trouver au budget un équilibre qui fuit toujours devant lui, de faire face aux difficultés financières toujours croissantes qui nous menacent d'un cataclysme imminent et de secourir une foule de malheureux. On serait débarrassé d'inquisitions indignes d'un peuple qui a mis dans sa devise le mot sacré de Liberté. Notre industrie et notre commerce, débarrassés d'une foule de charges et d'entraves reviendraient florissants et prospères et un coup mortel serait porté aux grèves.

Si l'on objecte que l'impôt unique à 6 francs par mille grèverait la propriété et pourrait amener une crise, je répondrai que c'est complètement faux, que le propriétaire ne sera pas seul à supporter la surcharge, que s'il a un immeuble de rapport il établira une répercussion contre ses locataires, qui ne pourront d'ailleurs s'en plaindre, étant débarrassés d'un autre côté de charges infiniment plus lourdes par la suppression d'une foule d'impôts : j'ajouterai que cette répercussion serait proportionnelle à l'importance locative des appartements et que ce seraient les gros loyers qui seraient atteints.

Les riches propriétaires de la rue Bellechasse et de la rue de Grenelle-Saint-Dominique dont j'ai parlé, qui possèdent des hôtels somptueux, des parcs et des jardins immenses, seraient plus particulièrement atteints et paieraient quelques milliers de francs d'impôt au lieu de 62 fr. que paie actuellement le premier et de 180 fr. que paie l'autre. Il est vrai que les congrégatious religieuses qui possèdent de vastes immeubles pourraient faire un peu la grimace, mais qui songerait à s'en plaindre ?

N'est-il pas de toute justice que celui qui possède soit frappé.

La suppression des barrières dans les villes ferait augmenter d'ailleurs la valeur et le revenu des propriétés et la valeur imposable augmentant sans cesse, le taux de l'impôt pourrait être abaissé. Ce taux que la révision du cadastre pourrait faire fixer à 4 pour mille, ne tarderait pas à pouvoir être réduit 3 1/2 et puis à 3.

Je dis qu'en présence d'avantages aussi considérables nos mandataires ne peuvent être arrêtés par aucune raison plausible et qu'il est temps d'exécuter les engagements qu'ils ont pris devant leurs électeurs. Le peuple finira par se servir intelligemment du bulletin de vote et se voyant constamment trompé, il saura, quand viendront les élections choisir ses mandataires parmi les hommes dont le passé politique présentera des gages pour l'avenir et qui, par leurs facultés, leur expérience, leur énergique et persévérante volonté lui paraîtront aptes à faire passer les idées justes et pratiques, de la théorie à la réalisation et évincer ainsi tous ceux qui auront fait preuve de mauvais vouloir et d'incapacité.

LALANNE

5, Rue de la Collégiale. — PARIS

Vu par nous, maire du Ve arrondissement (Panthéon), pour la légalisation de la signature de M. Lalanne.

LE MAIRE,

Signé : DELAGRAVE.

Paris, le 3 mars 1884.

II

DES GRÈVES

————

Dans mon projet de suppression des Octrois, j'ai dit que l'abolition de l'impôt alimentaire aurait pour conséquence, entre autres avantages, de faire disparaître les grèves, ces grèves absurdes qui ruinent l'industrie française et portent une si grave atteinte au travail national.

Les grèves qu'on voit si souvent se renouveler, à la suite de prédications coupables, quelquefois payées par l'étranger, ont en effet leur source principale dans la cherté de l'alimentation.

L'ouvrier ne se rend pas compte que l'augmentation des salaires doit avoir une limite, que la cherté de la main-d'œuvre ne nous permet plus de lutter avec la concurrence étrangère, que le perfectionnement de l'outillage a amené un excès de production, et que ses exigences toujours croissantes, qui se traduisent dans certains corps d'état par une augmentation de 30, 40 et même 100 pour 100, sur les salaires d'une époque encore peu éloignée, ont contribué, pour une large part, à la crise et au chômage d'aujourd'hui.

Combien encore d'ouvriers se mettent en grève au moment où le travail est en pleine activité convaincus de vaincre ainsi plus facilement la résistance des patrons.

C'est qu'ils connaissent bien en effet, la faiblesse, l'indifférence et le manque d'entente des patrons. Il serait facile d'en citer comme preuve de nombreux exemples.

En dehors donc de la suppression des Octrois, il faut encore chercher un remède efficace.

Que les patrons s'évertuent à donner de bons principes à l'ouvrier, qu'ils sachent l'apprécier à sa valeur et quand ils embauchent un apprenti, qu'ils s'appliquent à faire en sorte que cet apprenti puisse devenir dans le moins de temps possible, un habile compagnon, en se rendant compte attentivement de son intelligence et de ses aptitudes et en facilitant le développement rapide de ses bonnes dispositions. L'apprentissage ne doit pas s'éterniser, personne n'ayant de temps à perdre, et il est nécessaire que l'ouvrier arrive vite à gagner un salaire suffisamment rémunérateur qui lui permette de se débarrasser de cette sorte de servage que le compagnon fait subir à l'apprenti.

Pour atteindre ce but, il suffirait de créer des cours d'apprentissage dans chaque arrondissement de Paris. Dans un local aménagé à cet usage, que la Ville consentirait peut-être à accorder et que le Conseil Municipal ne serait sans doute pas embarrassé de trouver, des explications théoriques et pratiques seraient données aussi bien aux compagnons qu'aux apprentis qui suivraient des cours que l'on pourrait faire le soir de huit à dix heures.

Chaque corporation pourrait très bien d'ailleurs prendre les mesures nécessaires pour arriver à ce résultat, en louant un local approprié à ses besoins.

Je suis convaincu qu'on obtiendrait ainsi en peu de temps d'excellents ouvriers, à qui cela procurerait en outre l'avantage d'éviter le cabaret où un si grand nombre d'entre eux finissent par s'abrutir et se dégrader.

Dans ces cours du soir, le patron joignant la pratique

à la théorie et s'entourant de plus comme professeurs, de bons ouvriers qu'il rétribuerait comme je le dirai plus loin, verrait se développer des intelligences souvent inoccupées et qui ne demandent qu'à être guidées soigneusement. L'apprenti ne serait plus obligé de passer par la débauche de l'apprentissage actuel, car quelque dur que puisse paraître ce mot, il n'est malheureusement que trop vrai. Le compagnon en effet considère souvent l'apprenti comme son valet, au lieu de ne voir en lui que son élève. Il lui arrive alors de le brutaliser jusqu'à ce que pris de dégoût, il renonce à son métier, à moins encore qu'il n'en fasse un ivrogne, ce qui n'est pas bien rare.

Les ouvriers ainsi formés et instruits par la bienveillance des patrons, pourraient avantageusement remplacer ces mauvais sujets, qui encouragent aux grèves leurs camarades, leur parlant toujours de leurs droits et jamais de leurs devoirs, gens toujours mécontents qui n'ont pour guide que leurs passions.

On n'entendrait plus ces paresseux qui prétendent que tous les ouvriers doivent être payés le même prix, comme s'ils étaient capables de produire autant les uns que les autres. Il est vrai qu'à l'unification de la paie, ils se gardent bien d'ajouter la quantité de travail que l'ouvrier doit re ndre au patron.

Cette théorie absurde de l'unification de la paie dans chaque corps d'état a pourtant servi de base à la confection de la série des prix de la Ville de Paris. Des républicains qui se disent libéraux et qui crient tous les jours contre l'autoritarisme sont venus dire aux patrons brutalement : tu paieras tant tes ouvriers.

En agissant de la sorte, on a découragé l'ouvrier intelligent et travailleur, car à quoi lui servirait de produire beaucoup s'il doit être payé au même taux que celui qui produit peu.

Il ne faut pas craindre de dire à l'ouvrier la vérité ; au lieu de lui faire constamment des promesses qu'on sait devoir être irréalisables, au lieu de lui répéter sans cesse qu'il est l'objet de l'exploitation et de la rapacité de ceux qui l'emploient, il vaudrait mieux qu'on lui fit comprendre combien sa situation actuelle est meilleure qu'autrefois, combien elle est préférable à celle de l'employé dont on trouve une description si saisissante dans un récent ouvrage d'Edmond Lepelletier et que je crois utile de donner ici.

« L'employé, dit-il, est le véritable paria de la société moderne. Contre lui tout conspire. Il est victime de l'ordre des choses, des lois, des institutions de la société, des mœurs, de la condition du travail, de l'abondance des demandes d'emploi, de la rareté des places, de la concurrence famélique de ses congénères, ouvriers sans métier et sans outils, et aussi de lui-même. Il a un patron comme l'esclave antique, et un patron plus impitoyable et plus exigeant que le patricien romain qui ne faisait pas autant comme on l'a dit, de l'ergastule le garde-manger des murènes.

« Il demeure attaché au bureau, au comptoir, à l'administration, comme le serf à la glèbe, et n'a pas comme lui la vie animale assurée.

« Son servage même est incertain, et il en vient à considérer toute menace d'affranchissement comme une menace de mort.

« Il faut qu'il reste enchaîné pour brouter. C'est un animal domestique qui ne cherche jamais à briser sa laisse.

« Encore le maître s'occupe-t-il peu de savoir si sa mangeoire est pleine tous les matins.

« De quoi vraiment le travailleur en blouse porte-t-il envie à ce travailleur en paletot ?

« Rarement l'employé gagne plus que lui ; neuf fois sur

dix, il touche moins, le jour de la paie venu. En outre, l'ouvrier bureaucrate ne tire pas de son salaire tout le profit personnel que peut en extraire l'autre ouvrier. Par cela même que l'employé est rangé dans une classe soi-disant supérieure, il est frappé d'un exorbitant impôt somptuaire qui lui enlève le plus clair de son bien. En fin de compte, il se trouve travailler en partie pour la galerie, sans compter le propriétaire, les contributions, les impôts indirects, et une retraite souvent problématique.

« Son paletot, qu'envient les porte-blouses, ce paletot qui est pour l'employé ce que le bouton de cristal ou de jade est pour le mandarin chinois, un signe classifica-teur, une cocarde, une enseigne, ce paletot l'isole et de plus, le frappe comme une taxe permanente d'autant plus inique qu'elle pèse à contre-sens. Ce costume obli-gatoire, dont l'employé ne peut, sous aucun prétexte se débarrasser, tunique de Nessus, casaque de forçat, lui impose des dépenses dont la cotte et la blouse exonèrent leurs porteurs.

« Le paletot qui fait le bourgeois, fait le contribuable. C'est l'uniforme lamentable de cette armée de meurt-de-faim. Comme tout uniforme, le paletot oblige. L'employé n'entrera pas dans certains endroits bon marché, comme l'officier en tenue ne monte pas en troisième. L'employé a l'épaulette du régiment de Misère.

« ..... Et nul remède au mal, nul espoir d'en guérir. L'employé apparaît fatalement sacrifié ; il est malheu-reux comme on est bossu, par le hasard de la naissance et la rigueur du sort.

« Nulle rébellion à craindre d'ailleurs. Jamais un mur-mure ne s'élève de ce troupeau affamé. La grève lui est interdite. Avec quoi la ferait-il, d'abord ?

« Puis cent mille de ces mercenaires s'agiteraient pour obtenir une minime augmentation de salaire qu'ils seraient aussitôt congédiés, et cent mille candidats, un quart d'heure après, solliciteraient la faveur de les remplacer à moitié prix. »

Oui, voilà des vérités poignantes que l'ouvrier devrait méditer et en voyant que la partie la plus intelligente, la plus instruite et on peut dire la plus laborieuse de la Société, sait supporter patiemment un pareil état de choses, il comprendrait qu'il n'est pas le plus à plaindre et que ses revendications dépassent souvent la mesure.

Certes, sous un régime démocratique, tous les efforts doivent porter vers l'amélioration des classes nécessiteuses et l'ouvrier qui est un producteur et par conséquent un des facteurs de la richesse nationale, doit être tout particulièrement l'objet des préoccupations de nos gouvernants et l'on peut dire à ce propos qu'au lieu d'organiser les emprunts au profit des banquiers aussi bien étrangers que français, le Gouvernement agirait plus sagement et plus équitablement en favorisant l'ouvrier intelligent et économe, par tous les moyens possibles, lui permettant d'arrêter à l'avance dix jours avant la souscription le chiffre des rentes qu'il pourrait prendre de 5 à 20 francs et ne laissant aux banquiers que ce qui n'eut pu être souscrit ainsi par le public.

Il faut néanmoins avant de s'apitoyer outre mesure sur le sort de ceux qui se plaignent, savoir quel est leur genre de vie. Sont-ils paresseux et ivrognes, de ces gens qui ont mis de côté tout sentiment d'amour-propre, en prodiguant inutilement ce qu'ils ont gagné, ceux-là ne sont pas intéressants. Mais si au contraire ceux qui demandent du secours sont des hommes chargés de familles, rangés, économes, menant une vie régulière, le devoir du patron est de leur venir en aide en toutes circonstances.

Et quant à ces braves ouvriers qui ont vu blanchir leurs cheveux dans la même maison, qui travaillent sans se préoccuper des grèves, ceux-là méritent une récompense honorifique, car, si l'on veut bien s'en rendre compte, on verra qu'ils risquent autant leur vie qu'un soldat sur le champ de bataille, sans parler des menaces et des coups qu'ils reçoivent ou sont exposés à recevoir en refusant de se joindre aux grévistes.

Je propose donc de faire frapper des médailles qui seraient distribuées tous les ans, en nombre déterminé, aux ouvriers les plus méritants, ayant au moins cinq années de service chez le même patron.

Je crois qu'il serait également bon qu'on établît un règlement aux termes duquel tous les patrons s'engageraient à verser une somme annuelle dont le montant, qui serait fixé ultérieurement, servirait : 1° à la création des médailles pour les récompenses à distribuer chaque année ; 2° à former un fonds de réserve pour venir en aide à ceux de leurs confrères frappés par un malheur imprévu que leurs efforts n'auraient pu conjurer.

Chaque membre ayant une requête à présenter s'adresserait au Président du syndicat, lequel réunirait un Conseil d'honneur composé de douze membres élus dans la corporation pour cette circonstance. Ce Conseil serait chargé de vérifier avec la plus grande discrétion les besoins des requérants.

Ne pourrait-on pas aussi établir une note journalière que tous les patrons pourraient consulter et au moyen de laquelle celui qui aurait trop d'ouvriers pourrait en céder à celui qui n'en aurait pas assez.

Je propose encore l'ouverture d'un concours à la suite duquel une prime de 200 francs serait accordée à celui des ouvriers qui se serait le plus distingué pendant les cours d'apprentissage en donnant des leçons. L'ouvrier qui aurait obtenu trois fois cette prime serait gratifié d'une médaille en or.

Une Commission de Jurisprudence serait formée au

sein de la Chambre syndicale et chargée de régler les différends entre patrons et ouvriers et même entre patrons et cliens.

Le plaignant après avoir exposé ses motifs à cette Commission n'aurait plus besoin de s'occuper de son affaire ; le Conseil réuni ferait toutes les démarches pour faire rendre justice à qui de droit, soit à l'amiable, soit par les Tribunaux, et cela aux frais de la Société. Il est entendu que la Commission ne pourrait faire aucune transaction sans en prévenir l'intéressé. De cette façon seraient évités bien souvent des procès ruineux qu'il faut chercher à faire disparaître par la conciliation.

Examinons maintenant les prix de la Série de la Ville de Paris, déjà si élevés et peut-on admettre qu'ils soient encore susceptibles d'être augmentés ? Les charges des contribuables ne sont-elles pas déjà assez lourdes et ne voit-on pas qu'on en est réduit à ne faire que les travaux strictement indispensables. N'est-il pas juste de s'occuper aussi de ceux qui font travailler et la plus grande partie de ces derniers ne sont-ils pas de petits industriels accablés d'impôts et faisant assez difficilement leurs affaires ?

Que l'on s'efforce donc de relever la situation des travailleurs par une réforme équitable de l'assiette de l'impôt, ce sera la disparition des grèves. Qu'on cesse d'élaborer de ces programmes où s'étalent pompeusement tous les rêves, toutes les espérances, toutes les utopies qui peuvent un jour devenir des réalités, c'est possible, mais qui ne sont présentement que des chimères. Le candidat qui sollicite les suffrages, harcelé par son comité, promet tout ce que l'on veut, sachant bien qu'il ne pourra tenir et sa profession de foi devient le tableau d'une République idéale, au lieu d'indiquer les moyens d'arriver facilement et sans secousse à la réalisation des théories reconnues justes et pratiques.

III

Des Moyens d'arriver à un Contrôle

DE LA

CHAMBRE DES DÉPUTÉS

———

Les Députes n'ayant jusqu'ici tenu aucune des promesses faites à leurs électeurs, il m'a paru qu'il serait utile de rechercher les moyens d'arriver à un contrôle sûr et pratique de la conduite de nos mandataires. Je soumets donc aux électeurs le programme ci-après qui paraît à la lecture plus compliqué qu'il ne le serait réellement dans l'exécution.

PROGRAMME — CONTROLE ET PROJET

DE LOI.

Considérant que la France n'est pas satisfaite de la conduite d'une grande partie de ses représentants et qu'elle n'est pas suffisamment renseignée par ses élus, il est nécessaire que tout candidat fasse la promesse, sous la foi du serment, d'accepter, de défendre et soutenir la loi organisant le système de délégations suivant, et dans le cas où le Sénat refuserait le vote de cette loi, s'engage à demander la révision de la Constitution et la suppression du Sénat dans les trois mois qui suivront la date de la convocation de la Chambre.

PROJET DE LOI.

Toutes les communes de France seront convoquées à la date du   à l'effet d'élire un délégué cantonal et trois vice-délégués. Les élections de ballottage auront lieu le dimanche suivant.

Les communes, chefs-lieux de canton, d'arrondissement ou de département éliront un nombre de délégués proportionnel au nombre des électeurs de la plus forte commune du canton, c'est-à-dire que si la plus forte commune du canton a 150 électeurs et la commune cantonale 500, celle-ci aura droit à trois délégués, le nombre des sous-délégués restant le même. Tous ces délégués des communes devront se réunir en assemblée cantonale le dernier dimanche de chaque mois.

La première réunion sera présidée par le Maire du canton, assisté de ses adjoints et de conseillers municipaux en nombre suffisant pour former le bureau.

La séance ouverte, tous les délégués, inscrits pour prendre la parole, seront invités à tour de rôle, par le Maire à se faire entendre. Lorsque chaque orateur aura été entendu, le Maire invitera l'assemblée à nommer un président et trois vice-présidents.

Le président une fois nommé, prendra le fauteuil et présidera l'assemblée ; il prendra le titre de délégué cantonal. Le Maire pourra alors se retirer ainsi que ses adjoints et conseillers.

Le dimanche suivant, tous les délégués cantonaux du département se réuniront au chef-lieu dans une des salles de la Préfecture et, après avoir procédé de la même façon qu'au chef-lieu de canton, ils nommeront : 1° un délégué départemental qui, devant être chargé de se rendre à Paris pour y suivre les séances du Corps législatif, devra être choisi parmi les plus aptes à remplir ce rôle, par son intelligence, son honnêteté, ses facultés ; 2° un président et trois vice-présidents départementaux.

A partir de cette époque, toutes ces réunions auront lieu de la manière suivante : Le troisième dimanche de chaque mois, les électeurs des communes se réuniront sous la présidence de leur délégué cantonal pour exposer leurs vues sur la politique et les affaires intérieures ; le dernier dimanche de chaque mois, les délégués cantonaux se réuniront au chef-lieu du canton, sous la présidence de leur délégué départemental. Ils discuteront et résumeront les réclamations des délégués cantonaux et les transmettront au président des délégués départementaux.

Le premier dimanche de chaque mois, les délégués départementaux se réuniront au chef-lieu du département où les diverses questions seront de nouveau discutées et résumées et transmises au délégué au Corps législatif, lequel les exposera aux réunions générales des délégués départementaux au Corps législatif et, après une nouvelle discussion, transmettra ces résumés au Président de la Chambre des députés, qui les soumettra à la discusion de la Chambre.

Je ne pense pas qu'il y ait de moyen plus loyal et plus honnête de discuter au grand jour les intérêts d'une nation.

Tous les délégués départementaux au Corps législatif se réuniront quelques jours avant la rentrée des Chambres et nommeront leurs présidents, vice-présidents et secrétaire. Leurs séances, dès la session ouverte, auront lieu tous les jours de neuf heures du matin à midi.

A chaque réunion on prendra les noms des délégués manquant à l'appel, qui seront envoyés journellement au président départemental, lequel l'enverra au chef-lieu du canton et des communes. Après trois absences dans le mois, le délégué sera rappelé et remplacé par un des vice-délégués.

Dans leurs séances, les délégués élaboreront les questions dont ils auront été chargés par leurs mandants avec lesquels ils seront en relations journalières; ils donneront leur avis sur la précédente séance des députés, ils rendront compte de la conduite, de la présence ou absence de ces derniers; ils dresseront procès-verbal détaillé, dont ils enverront copie journalière aux présidents départementaux, lesquels transmettront tous les travaux du délégué de Paris aux délégués cantonaux et communaux. De cette façon le plus petit hameau comme la plus grande ville connaîtra jour par jour la conduite de son représentant. D'un autre côté, chaque commune ayant la faculté de nommer son délégué ce sera le moyen le plus sûr de faire ressortir les hommes de grande valeur restés jusqu'alors inconnus et qui pourront à un moment donné, rendre de grands services à leur patrie.

Les élections des délégués auront lieu tous les ans, le dernier dimanche de décembre.

Ce système aurait, sur le mandat impératif dont il a été tant parlé, l'avantage de ne pas supprimer l'initiative du député, lequel serait toujours libre de faire ce que lui dicterait sa conscience, pourvu qu'il n'agisse pas contre les vœux de ses électeurs dont il aurait chaque jour connaissance.

Une députation des délégués se rendra tous les jours

auprès du Président de la Chambre des députés et lui soumettra le compte-rendu de la séance du matin, qui devra être lu à l'ouverture de la séance des députés.

Les séances des députés devront toujours être au complet ; tous les députés qui ne seront pas présents une demi-heure après l'ouverture de la séance seront remplacés par des délégués et leurs noms, inscrits au procès-verbal, seront envoyés dans leurs circonscriptions par les moyens déjà indiqués.

Il est bien entendu que tous les délégués devront assister régulièrement aux séances des députés ; ils se tiendront dans les galeries, ils ne pourront dans aucun cas prendre la parole et devront, au contraire, se tenir très correctement et donner l'exemple de l'ordre. Le plus petit écart donnerait lieu au rappel du délégué et à son remplacement.

Tout motif donnant lieu à une plainte sur un député sera immédiatement transmis aux électeurs qui seront libres de faire adresser un blâme à leur représentant par leur délégué.

Après trois votes de blâme dans le cours d'une année, le député sera révoqué et remplacé par un des délégués les plus méritants et qui se sera signalé par un travail de valeur.

Les députés décédés pendant le cours de leur mandat seront remplacés également par le plus méritant des délégués et par voie élective desdits délégués.

Tous ceux qui ont assisté aux séances de nos députés, quelquefois si scandaleuses, comprendront l'importance et la nécessité du règlement que je propose et auquel tous les candidats seront tenus d'adhérer à l'avenir.

Tout candidat n'acceptant pas ces conditions devra être rayé, combattu et regardé comme un homme dangereux, animé de mauvaises intentions.

Toute enquête faite par l'ordre du Gouvernement donnera lieu à une contre-enquête faite par les délégués des communes et qui sera rendue publique par la voie déjà indiquée, car rien ne doit être caché au pays.

Les délégués au Corps législatif toucheront une somme de 4,000 francs pour l'année de l'accomplissement de leur mandat, plus les frais de voyage et une allocation de 500 frans leur sera accordée à titre d'indemnité de déplacement, lorsqu'il y aura lieu.

Le cumul est expressément défendu aux délégués comme aux députés ; ils ne devront accepter aucun emploi, ni remplir aucune fonction, même honorifique.

Ils prépareront toutes les réformes demandées par leurs mandants et ils les transmettront aux députés.

Ils auront l'entrée dans tous les bureaux des Ministères et toutes administrations des Villes ou de l'Etat ; ils feront des rapports sur le fonctionnement desdites administrations ; ils proposeront toutes réformes qu'ils jugeront nécessaires et leur devise sera : *Paix, Travail, Economie.*

C'est de là que nous verrons enfin surgir ces réformes si vainement attendues et une nouvelle organisation si nécessaire.

Ces délégués seront la vraie sauvegarde de la France, car ils nous feront connaître journellement la conduite de chaque député et la voie que suivra le Gouvernement.

Ce sera en outre une sorte d'école de députés préparés aux débats parlementaires et pouvant remplacer avantageusement les nullités toujours trop nombreuses.

Il y aura assurément parmi ces hommes, des gens connaisant à fond les choses, prêts à les discuter et d'un autre côté en continuel rapport avec leurs électeurs ; les

renseignements abonderont, les questions seront approfondies, rien n'échappera à la discussion, tandis que
nous voyons souvent traiter des affaires d'une grande
importance par des hommes qui y sont complètement
étrangers.

Par ce moyen, la France verra ses enfants à l'œuvre ;
il n'y aura plus de surprise possible, le pays ne pourra
plus être pris à l'improviste et n'élira plus des incapables
ou des intrigants.

Aussitôt réunis, les délégués des communes se parta-
geront le travail journalier, chercheront les réformes les
plus urgentes, les étudiant et soumettant leurs rapports
au Président de la Chambre des députés et à tous les
présidents départementaux, lesquels feront parvenir ces
renseignemements aux délégués communaux.

A mon avis, les premières réformes à étudier sont les
suivantes :

1° Suppression des Octrois. Création de l'impôt unique
à 6 francs par mille sur la fortune publique.

2° Réorganisation complète des administrations.

3° Etablissement de grandes fermes agricoles modèles
pour l'armée, au dehors de toutes les villes où il y a gar-
nison.

4° Création de compagnies et bataillons agricoles coloniaux formés par tous les repris de justice et tous les
hommes condamnés pour vol, escroquerie, vagabondage,
etc. — Etablissement aux colonies de fermes qui seraient exploitées par ces bataillons coloniaux, sous la
direction de professeurs d'agriculture.

5° Réformes ayant pour but le développement de l'a-
griculture, des routes et des canaux.

6° Service militaire obligatoire pour tous, sans exception.

7° Rétablissement du divorce.

8° Réformes relatives à la prostitution.

9° Suppression du budget des cultes. — Séparation de l'Eglise et de l'Etat.

IV

PROJET D'ORGANISATION

AGRICOLE

———

Depuis de longues années déjà, toutes les denrées alimentaires ont atteint progressivement des prix exorbitants qui tendent encore tous les jours à s'accroître et dont la conséquence fatale a été la multiplication de la fraude et des falsifications.

L'Administration réprime la fraude comme elle peut, et quant au public qui ne cesse de geindre, de se répandre en lamentations stériles sur les falsifications de toute nature ı elevées mensuellement par les analyses du laboratoire municipal, il continue à s'empoisonner consciencieusement avec une résignation stoïque.

Ne ferait-il pas mieux de chercher. le remède au mal et une fois ce remède trouvé, d'en faire exiger l'application par ses mandataires élus ?

Parmi les causes du renchérissement terrible des vivres, dont je viens de parler, se trouve cet entraînement général de la population des petites villes et des campagnes vers les grands centres.

L'appât des plaisirs et l'espoir d'une fortune rapidement acquise et sans souci des moyens, voilà vers quel idéal se sont portés les esprits. Le travail, la probité sont de vieux mots qui n'ont plus de sens aux yeux de bien des gens.

Mais toute médaille a son revers.

Le sort a ses élus, et parmi tous ces assoiffés de plaisirs et de lucre, combien restent en proie à la misère, se débattant vainement au fond du gouffre.

Voyez ces hôpitaux, regorgeant de malades, ces maisons de secours et ces prisons devenues insuffisantes. Voyez tous ces bras inoccupés quand arrive le chômage.

L'Agriculture pourtant manque de travailleurs, mais tout travail exige une étude préalable.

Ne serait-il pas possible de répandre partout les connaissances agricoles, et cela par les moyens les plus simples. Je suis convaincu que rien ne serait plus facile.

L'armée prélève en moyenne 200,000 hommes pris dans toutes les classes de la société, mais dont les habitants des campagnes forment la majeure partie. Parmi tous ces jeunes gens, combien y en a-t-il, à l'expiration de leur service militaire, qui soient disposés à reprendre les travaux des champs? Le voudraient-ils d'ailleurs qu'ils ne le pourraient plus. Ils ont perdu l'habitude du travail de la terre. Le séjour dans les grandes villes a changé leurs idées, le contact des citadins a modifié leurs goûts. Ils cherchent ailleurs, et à la ville presque toujours, des moyens d'existence qui doivent sans qu'ils s'en doutent, leur échapper souvent, et ils ne font que grossir la masse des malheureux déjà si grande. Et il n'y a pas que ceux qui viennent de terminer leur temps de service militaire qui échappent à l'agriculture, combien d'autres, avant d'avoir subi l'impôt du sang, désertent le toit paternel, le champ acquis par l'ancêtre au prix de tant de sueurs et qui les avait nourris jusqu'alors ?

Il serait digne d'un gouvernement républicain de s'occuper sérieusement de cette question et il faut que nos députés sachent accueillir nos idées comme ils accueillent nos votes.

Je propose donc l'organisation d'une grande école de travail national pour l'armée, par un procédé que je vais indiquer qui serait utile au pays tout entier et dont nos soldats seraient les premiers à recueillir les fruits, car à la fin de leur congé, ils pourraient avoir un petit pécule qui leur viendrait grandement en aide. Ils emporteraient en outre dans leurs foyers des connaissances agricoles approfondies dont ils tireraient grand profit, non-seulement pour eux-mêmes, mais encore par les conseils qu'ils seraient apppelés à donner aux autres.

Ceux de ces jeunes gens qui ne possèdent pas de terres trouveraient de suite à gagner leur vie, en utilisant chez les propriétaires cultivateurs les connaissances qu'ils auraient acquises, et trouvant là un travail rémunérateur ne songeraient plus à quitter la campagne. Voyez le parti que tire un habile jardinier du moindre lopin de terre, qui, scientifiquement travaillé, suffit par son rapport à tous ses besoins et à l'éducation de sa famille. Que ne tirerait-on pas de la terre si tout français possédait la science de l'agriculture ?

Si, il y a cinquante ans, quelqu'un était venu dire qu'un appareil pouvait être construit, qui ferait en quelques heures plus de travail que plusieurs ouvrières dans une journée, n'aurait-on pas cru à une plaisanterie.

Le fait s'est pourtant réalisé lorsqu'il y a vingt-cinq ans parut la machine à coudre.

Depuis lors, que d'instruments destinés à simplifier les travaux de la terre, dans les mêmes conditions de rapidité, sont venus jeter partout l'étonnement ! Et si la connaissance de ces machines était portée dans toutes les campagnes, les paysans si souvent réfractaires aux choses qu'ils ne comprennent pas, ne s'en serviraient-ils pas avec joie, en présence des merveilleux résultats qu'on leur mettrait sous les yeux ? Et qu'on juge du développement énorme que prendrait alors l'Agriculture, du prodigieux accroissement du rendement des terres et de la diminution du prix des denrées qui s'en suivrait nécessairement !

La fortune publique serait bientôt décuplée, le bien-être s'étendrait partout à la campagne et à la ville ; les procédés d'agriculture se multiplieraient sans cesse, le prix des denrées deviendrait enfin accessible au plus pauvre.

Pour constituer dans toute l'armée cette école nationale d'Agriculture il suffirait que l'Etat fît l'achat de deux hectares de terrain par régiment, le plus à proximité possible du casernement de la troupe, le meilleur marché et le plus stérile qu'on pût trouver. Là, sans nuire aux nécessités du service, les soldats sous la direction de professeurs d'Agriculture capables, défricheraient le terrain, le métamorphoseraient en prairies naturelles, artificielles, champs, plants de vigne, et enfin en jardins potager et botanique. En un mot, ils diviseraient le terrain de manière à ce qu'il représentât un échantillon de tous les genres d'agriculture.

La première année de leur arrivée au corps, les soldats ne s'occuperaient exclusivement que des exercices et des manœuvres militaires.

Les travaux agricoles commenceraient la deuxième année et les soldats n'en seraient distraits que huit jours par mois employés aux exercices militaires, ce qui leur permettrait de n'en rien oublier et de s'y perfectionner.

Il en serait de même jusqu'à la fin de la dernière année de service.

Pour ces travaux agricoles, les caporaux et les sergents n'auraient pas d'autorité à exercer. En ce qui concerne la théorie et la pratique, trois classes de prévôts agricoles seraient créées au concours, sans distinction de grades militaires.

Les cours comprendraient tout ce que comporte l'Agriculture, l'arboriculture, l'horticulture, etc., l'étude de toutes les machines, de tous les instruments aratoires connus, qui simplifient tant les travaux de la terre et les rendent aussi doux que possible. Ces inventions qu'on a encore tant de peine à faire utiliser par les campagnards dont on connaît la routine obstinée, seraient bientôt d'un usage général, par les connaissances qu'en donneraient et propageraient les soldats à leur rentrée chez eux.

De nouveaux perfectionnements surgiraient, ce qui alimenterait le travail industriel. L'agriculture enfin reprendrait un vigoureux essor, les grandes villes ne seraient plus l'objectif des enfants de la campagne et seraient débarrassées d'une multitude d'affamés.

L'abondance ferait place à la misère.

Les jeunes soldats une fois libérés retourneraient aux champs avec joie emportant leur quote part des revenus des terres qu'ils auraient travaillées pendant leur temps de service, revenus dont une partie serait d'abord prélevée pour l'amortissement du prix des terains et des instruments aratoires achetés par l'Etat.

La nation qui aurait employé la première ce procédé aurait bien mérité de l'humanité, car par la richesse

qu'elle développerait chez elle, elle entraînerait rapidement les autres peuples dans la même voie et ce serait
là le signal de la fin de ces guerres sanglantes qui n'a-
mènent à leur suite que ruine et misère. On détruirait en
même temps toutes les causes des révolutions intestines
que font naître au sein d'une nation, la misère et la souf-
france, lorsqu'elles se prolongent et qui causent souvent
la perte des libertés acquises au prix de tant de labeurs
et de sacrifices.

Par une organisation analogue dans nos colonies, on
arriverait à pouvoir supprimer les prisons, dont l'entretien coûte si cher aux contribuables et qui, loin d'être
moralisatrices ne sont que l'école supérieure brevetée du
crime.

Dans toutes nos colonies, dis-je, on pourrait créer des
bataillons agricoles où seraient incorporés tous les vo-
leurs, les repris de justice, les vagabonds récidivistes et
les souteneurs de filles, cette plaie immonde des grandes
villes.

Là, les terres à défricher ne manquent pas. De vastes
établissements agricoles seraient dirigés par d'habiles
professeurs et tous les individus qu'a frappés une peine
infâmante et que la société repousse à jamais, se réhabi-
literaient moralement par le travail de la terre.

Des villes et des villages seraient créés par ces bataillons agricoles. Des grades seraient donnés aux plus méritants par leur conduite et leur intelligence et, à un moment donné, il pourrait leur être accordé la concession
gratuite d'une parcelle de terre et d'une petite maison.
Ils travailleraient alors pour leur propre compte et auraient la faculté de se marier avec les femmes condam-
nées qu'on expédierait également aux colonies où elles
seraient employées, qui à la couture, qui à la confection
d'habillements pour les bataillons agricoles, qui aux

cantines, etc. Ceux qui se seraient mariés antérieurement à leur condamnation, auraient l'autorisation de faire venir leur famille.

De cette façon, ils ne songeraient plus au mal. Ce serait là un moyen infaillible de régénération morale et il est inutile de s'étendre sur les bienfaits qui en résulteraient au point de vue du développement de la richesse de nos colonies.

Quant à ceux qui refuseraient obstinément de travailler, qui opposeraient la force d'inertie, ceux enfin dont les mauvais instincts, la perversité, la paresse seraint incorrigibles, on pourrait les expédier au Sénégal ou à la Guyane pour y subir le régime cellulaire, car il ne peut y avoir de pitié pour des malfaiteurs reconnus incurables. Il est présumable du reste que ces derniers formeraient une infime minorité dans une Colonie où tout serait mis en œuvre pour modifier dans le sens du bien les caractères les plus rebelles.

V

De la Séparation de l'Eglise et de l'Etat

Le Cléricalisme est une des plaies sociales qu'il faut s'attacher à faire disparaître sans trève ni repos.

Mais il ne faut pas se le dissimuler, la tâche est rude et on ne pourra recueillir les fruits de l'instruction gratuite, laïque et obligatoire que dans quelques années.

Les vieux préjugés sont durs à extirper et il faut compter avec la faiblesse de certains esprits, avec cette sorte de crainte maladive qu'on rencontre souvent chez la femme qui est toujours la proie à laquelle le cléricalisme s'attache le plus.

Le clergé a en outre une puissance énorme par les richesses qu'il possède et qu'on a eu le tort grave de lui laisser acquérir par les moyens que l'on sait.

En faisant la séparation de l'Eglise et de l'Etat, il est donc utile d'éviter toute perturbation qui puisse être favorable au clergé. Il faut le saper d'abord vigoureusement et sûrement par tous les moyens légaux, entr'autres par le service militaire obligatoire pour tous sans exception, et pour éviter qu'il ne crie à la persécution, faire cette réserve que chaque commune aura la faculté ds conserver un desservant si elle le désire.

L'Etat allouerait les fonds nécessaires pour le traitement de ce fonctionnaire.

Ce serait peut-être une sage mesure, car à l'objection qui pourrait être faite que ce serait laisser un ennemi dans la place, je répondrai que chaque curé dépendant alors du Maire, celui-ci pourrait toujours s'en débarrasser facilement dans le cas où il ne remplirait pas convenablement sa mission.

Pendant ce temps, l'instruction laïque progressera et le clergé tombera seul sans que l'on ait, au nom de la Liberté, forcé ni même imposé la volonté.

Pour arriver encore plus sûrement à ce résulat, ne pourrait-on pas ordonner à tous les instituteurs de faire tous les dimanches des conférences publiques à l'Ecole sur le principe républicain, les lois et les institutions du pays.

Ces conférences seraient précédées et suivies de chants patriotiques par les enfants qui pourraient être accompagnés de leurs parents.

Elles auraient lieu aux heures reconnues les plus convenables par les Maires de chaque localité.

Les résumés de ces conferences seraient envoyés de Paris, du siège des conférenciers de la Libre-Pensée, à chaque Préfecture.

Une chaire de conférences pourrait être créée à Paris dans ce but.

Les instituteurs cantonnaux à qui les résumés seraient adressés par les soins de la Préfecture les distribueraient à leur tour à tous les instituteurs des communes.

Le curé desservant de la commune resterait libre de

faire telles prédications absurdes qu'il lui plairait dans son Eglise.

Pendant qu'il s'efforcerait de faire la nuit dans l'esprit de ceux qui iraient l'entendre, l'instituteur, de son côté, ferait la lumière dans l'école à son auditoire, il propagerait la vérité, développerait les arguments de la saine raison et le bon sens public aurait vite fait son choix.

L'Etat pourrait en outre user d'un moyen dont l'efficacité ne peut être mise en doute. Il lui suffirait de fermer par décret l'entrée des carrières administrative et militaire à tous les jeunes gens qui ne pourraient justifier avoir fait leurs études dans les Ecoles universitaires. Les parents que préoccupe l'avenir de leurs enfants se garderaient bien de les conduire chez les Jésuites et la doctrine de ces bons apôtres de l'hypocrisie, du mensonge et de la réaction ne pouvant plus se propager, serait bientôt lettre morte.

Alors, tout naturellement et sans secousse on pourrait faire la séparation de l'Eglise et de l'Etat.

VI

DES

RÉFORMES ADMINISTRATIVES

———

A l'avènement de la troisième République, tout le monde s'attendait à voir enfin s'ouvrir l'ère des réformes de toute nature dont la nécessité se faisait si vivement sentir.

En dehors des réformes sociales dont je viens de parler, on espérait bien d'autres tranformations non moins urgentes et que l'esprit de justice qui doit former la base d'un régime démocratique imposait à bref délai.

Notre espoir a malheureusement été déçu : pauvres électeurs naïfs, nous avons cru bénévolement à la réalisation de tous les beaux programmes électoraux avec lesquels on nous a tant mystifiés. La leçon a été complète, il faut bien le dire. Espérons qu'on en profitera et que les farceurs politiques qui tenteront de nouveau l'aventure aux prochaines élections remporteront une veste de taille à les désabuser à leur tour.

L'intérêt des contribuables appelait de profondes modifications dans toutes les administrations publiques. On pouvait espérer que des commissions composées de membres compétents seraient nommées dans le but de rechercher toutes les améliorations, toutes les simplifications de nature à amener une notable économie dans les dépenses, tout en rendant le sort du petit employé moins pitoyable, et à nous débarrasser de ces lenteurs si préjudiciables aux intérêts du public.

Comme sœur Anne, nous ne voyons toujours rien venir.

Il eut été nécessaire de mettre d'abord à la tête des grandes Administrations comme celles de la Préfecture de Police et de la Préfecture de la Seine par exemple, des hommes expérimentés, vieillis dans l'Administration en connaissant tous les rouages, tous les défauts, et dont la religion n'eut pu être surprise par personne dans l'accomplissement de leur tâche réformatrice.

Qu'avons-nous vu au lieu de cela? Prenons d'abord la Préfecture de Police, cette Administration sur laquelle on a tant disserté pour aboutir à un résultat négatif.

Qui a-t-on mis pour la diriger, au moment même où son organisation et la composition de son personnel laissaient tant à désirer ?

Un député qui n'a cessé d'intriguer à la Chambre et qui s'est empressé de cumuler avec joie son mandat de député avec celui de Préfet de Police, émargeant ainsi des deux côtés à la fois. Que pouvait faire cet administrateur si étranger aux rouages de la Préfecture de Police. Intelligent, intrigant, connaissant le droit, tout cela est fort beau, mais il eut été désirable qu'il connût aussi les hommes et les choses de l'Administration qu'il avait la charge de transformer et de réorganiser.

Aussi les abus de toute espèce loin de disparaître, sous son pouvoir, n'ont-ils fait que grandir et se multiplier. On se rappelle encore les faits scandaleux dévoilés par le vieux petit employé, dans le journal *La Lanterne*. Quels changements ce préfet de Police député, a-t-il faits dans le personnel si bonapartiste, si réactionnaire de son Administration ? Non-seulement il a maintenu à leur poste tous les ennemis de la République qui s'y trouvaient, mais il les a glorifiés, en maintes occasions qu'on n'a pas encore oubliées.

Les républicains au contraire, qui alors étaient encore peu nombreux dans un personnel que l'Empire avait recruté avec le soin le plus intéressé, étaient vilipendés, conspués par leurs collègues bonapartistes qui n'avaient pas tardé à voir que M. Andrieux, loin d'être à craindre pour eux, serait à l'occasion leur soutien le plus énergique. Quant aux réformes dans les procédés, dans les agissements comme dans le fonctionnement de l'Administration, ce préfet de Police n'avait ni le temps, ni la volonté de s'en occuper.

Depuis le départ de M. Andrieux si le personnel a été modifié dans le sens républicain, l'institution en elle-même avec tous ses abus a peu changé et la police des mœurs à différentes reprises, s'est signalé par de nouveaux exploits.

Si nous passons à la Préfecture de la Seine, qu'avons-nous vu ? Par quelles réformes se sont signalés les différents préfets républicains qui se sont succédé en l'espace de quelques années ?

Il faut rendre cette justice à M. Hérold que s'il n'a pas apporté de changements dans l'organisation, s'il a été souvent trompé par son entourage, si ses choix en ce qui concerne les nominations dans le personnel ont rarement été heureux et ont porté même sur les moins méritants, les plus bonapartistes et les plus entachés de réaction, il faut lui rendre cette justice, disons-nous, qu'il a eu quelques velléités de réformes, malheureusement non suivies d'exécution, comme par exemple la suppression des chefs de division, et que, quoique souffrant d'une maladie terrible qui devait bientôt l'emporter, il n'a cessé jusqu'au dernier moment, de donner l'exemple d'un labeur incessant, ne prenant de repos qu'après avoir vu par lui-même, examiné soigneusement, annoté au besoin et enfin signé toutes les pièces des nombreux dossiers qui lui étaient apportés quotidiennement.

Si sous son autorité, des retards s'étaient produits, on ne pourrait les imputer qu'à ses chefs de service et surtout à la multiplicité des rouages et des formalités inutiles.

Après lui vint M. Floquet dont l'attachement à la République, la fermeté des convictions, pouvaient faire espérer quelques changements utiles.

Hélas, trois fois hélas, la montagne n'a pas même accouché d'une souris ! Pas l'ombre d'une réforme, des abus plus criants que jamais, des créations nouvelles aussi inutiles qu'onéreuses et injustes, des nominations scandaleuses dans le personnel qu'il remplaçait ou augmentait par des épaves de la Commune. Une légère odeur de pétrole était une excellente recommandation. Ne faut-il pas pardonner aux égarés ?

Impuissant et débordé, près de se noyer au sein du flot montant de l'autonomie communale, il abandonna le gouvernail et se raccrocha à un nouveau mandat de député. Mais il avait eu soin auparavant de mettre à l'abri son chef de cabinet dans une bonne recette de 15 à 20,000 francs, ne voulant pas que ce petit avocat obscur et aussi arrogant qu'incapable qu'il avait bombardé Directeur du Cabinet et du Personnel, pût rien perdre à son départ.

Le séjour de M. Oustry, successeur de M. Floquet à la Préfecture de la Seine, ne fut signalé par aucune modification, aucune réforme ; on se souvient à peine qu'il fut Préfet de la Seine et quant au préfet actuel, M. Poubelle dont l'excellent arrêté relatif aux ordures ménagères n'est qu'une mesure hygiénique de voirie, il est incontestable que ne connaissant pas mieux que ses prédécesseurs, les détails et les rouages multiples de l'Administration, il ne fera pas mieux qu'eux.

En résumé, les Préfets passent, les réformes sont toujours ajournées, les abus toujours plus criants, les rouages se compliquent tous les jours, le public se plaint de plus en plus des lenteurs apportées dans la liquidation des affaires et des comptes et dans la signature préfectorale.

La situation des petits employés, en dépit de la légère amélioration apportée par le Conseil dans leurs traitements il y a quelques années, est toujours misérable puisqu'ils ne peuvent vivre de leur emploi et que pour faire face aux difficultés toujours croissantes de la vie matérielle, ils sont obligés de chercher en dehors de l'Administration des moyens complémentaires d'existence presque toujours en dessous de leurs facultés et de leur instruction, ce qui n'est pas de nature à les relever moralement. Au lieu de diminuer le personnel par voie d'extinction, d'augmenter les heures de travail et proportionnellement les appointements, ce qui est la vraie réforme juste et pratique, on augmente les rouages, on accueille, sur recommandations, tous les déclassés de la vie, de tout âge, sous le prétexte qu'ils ont eu des malheurs et que l'humanité le commande. On augmente ainsi le personnel d'éléments aussi inutiles qu'incapables et peu intéressants et les dépenses grossissant, on invoque les considérations budgétaires pour ne pas améliorer le sort des employés. Mais est-ce que tout le monde ne doit pas pouvoir vivre de son salaire l'employé comme l'ouvrier ?

Est-il admissible qu'un jeune homme dont l'instruction et l'éducation ont coûté des sacrifices énormes aux parents, se chiffrant souvent par 30 ou 40,000 francs, arrive dans une Administration publique avec un diplôme de bachelier et souvent de licencié, pour y gagner un salaire inférieur à celui de l'ouvrier dont l'instruction n'a rien coûté, dont les charges sont infiniment moins lourdes et dont l'apprentissage a pu être terminé en deux ans.

Il eut été pourtant bien simple d'obtenir des réformes si on y avait tenu réellement.

De même que pour labourer un champ, il faut un laboureur, pour administrer, il faut un administrateur. Je prétends donc que si, au lieu d'un avocat on mettait à la tête de la Préfecture de Police, un Commissaire de Police, choisi parmi les plus expérimentés et les plus dévoués à la République, il ferait en trois mois les réformes qu'on n'aura pas dans cinquante ans. Elevé dans le sérail il en connaîtrait les détours.

Personne ne pourrait le tromper et aucun ne l'essaierait du reste.

Heureux de son élévation à de hautes fonctions, son dévouement aux institutions républicaines doublerait son zèle. Possédant à fond la connaissance des hommes de l'Administration et tous les rouages, nul ne serait plus apte à la réorganisation.

De même, à la Préfecture de la Seine, si le Ministre de l'Intérieur, après une enquête sérieuse, confiait la direction de cette administration au chef de service reconnu le plus capable et le plus expérimenté, avec mission de faire à bref délai les réformes les plus utiles, le but serait bientôt atteint. Les rouages inutiles ne tarderaient pas à disparaître et avec eux tous les abus.

Pour arriver à n'avoir que des chefs de service capables, au lieu de les nommer à la faveur ou à l'ancienneté, je dis qu'on ne devrait les nommer qu'au concours. Ce concours pourrait avoir lieu tous les cinq ans, dans toutes les administrations. Les chefs de division qui se seraient signalés par leurs mérites et par des ouvrages de valeur sur la réorganisation administrative pourraient être appelés à la direction d'une Préfecture.

Le zèle de tous les chefs serait ainsi stimulé et leur dévouement s'affirmerait.

L'Administration, au lieu d'être comme aujourd'hui un obstacle à tout progrès, serait au contraire la source de toutes les réformes.

En un mot, je demande qu'on honore l'intelligence et et le travail et qu'on fasse impitoyablement la guerre à la faveur, à la paresse, à l'ignorance et à l'incurie.

Aux prochaines élections, je demande qu'on questionne les députés qui se représenteront aux suffrages des électeurs sur les réformes administratives qu'ils ont proposées.

VII

PROJET

TENDANT A LA DIMINUTION DU PRIX DES LOYERS DES CLASSES OUVRIÈRES ET DES PETITS EMPLOYÉS, SOUMIS PAR M. LALANNE A LA COMMISSION MUNICIPALE INSTITUÉE PAR LE PRÉFET DE LA SEINE, LE 10 FÉVRIER 1883.

PROJET

La Ville de Paris emprunterait au Crédit Foncier de France une somme de 64 millions à 4 0/0 d'intérêts et qui serait employée, savoir :

1° A l'achat de huit terrains de trois millions chacun, situés, le premier entre les onzième et douzième arrondissements et les autres dans les quatorzième, quinzième dix-septième, dix-huitième, dix-neuvième et vingtième.

2° A la construction sur les dits terrains de huit groupes de constructions d'une valeur de cinq millions chacun.

Par raison d'économie, ces terrains seraient choisis en dehors des boulevards extérieurs, mais en dedans des fortifications, dans chacun des arrondissements susmentionnés.

PRIX DES LOGEMENTS

Le prix des logements de ces groupes de constructions ouvrières ne pourrait être inférieur à cent vingt francs, ni supérieur à trois cent cinquante francs, sauf pour les boutiques et magasins du rez-de-chaussée, qui seraient loués par périodes de cinq années et au plus offrant.

PLANS

Les plans de ces groupes de constructions seront mis au concours ; le n° 1 sera chargé de l'exécution, le n° 2 touchera une prime de trois mille francs et le n° 3, mille francs.

CONSTRUCTIONS

Les constructions de ces groupes seront mises en adjudication ; les Sociétés ouvrières seront admises à concourir et à rabais égal, seront déclarées adjudicataires par privilège.

Les travaux seront payés de la manière suivante :

80 0/0 d'à-compte tous les trois mois sur le montant des travaux exécutés et le dernier payement un an après l'achèvement complet des travaux.

Chaque groupe de constructions comprendra une crèche, une salle d'asile et une salle de réunion avec bibliothèque où seront institués des cours du soir.

VOIES A OUVRIR

Chacun des groupes sera relié aux boulevards intérieurs, c'est-à-dire au centre de Paris par une voie de 30 mètres de large ; les opérations par voie d'expropriation ne pourront qu'être avantageuses pour la Ville d

Paris et les bénéfices en résultant seront employés à l'amortissement de l'emprunt de 64 millions.

Par ce moyen, la Ville serait assurée d'un bénéfice qui peut être évalué à des centaines de millions, ce qu'il serait facile de prouver.

MOYENS DE TRANSPORT

Une tête de ligne de tramways sera établie à chaque groupe de constructions ; le nombre des voitures devra toujours devoir répondre à tous les besoins. Les départs auront lieu à 5 heures et le prix des places, de 5 heures à 9 heures du matin sera réduit à 0,15 cent. dans l'intérieur et 0,05 cent. sur l'impériale, avec correspondance de retour pour le soir, de 6 à 11 heures, au même prix que le matin.

AMORTISSEMENT DE L'EMPRUNT

La Ville de Paris pourrait, au lieu d'avoir recours au Crédit Foncier, émettre pour 64 millions d'obligations à 3 0/0 et au pair, étant bien entendu que les banquiers ne pourraient participer à l'emprunt qu'autant qu'il ne serait pas couvert complètement à la clôture de la souscription.

Les obligations seraient remboursables par séries annuelles de un million 400,000 francs. Il y aurait pour 160,000 francs de lots à chaque tirage annuel. Le chiffre de l'amortissement de l'emprunt augmenterait au fur et à mesure de l'amortissement du capital et de la réduction des intérêts, et une période de 30 années suffirait pour l'amortissement complet.

Les constructions auraient alors une valeur qu'on peut estimer hardiment à 200,000,000 francs dont les revenus pourraient servir à la création d'une caisse de retraite pour les invalides du travail, c'est-à-dire pour les ouvriers honnêtes que l'âge ou les infirmités empêchent de gagner leur vie.

REVENUS

La location des groupes de constructions édifiées devra être calculée de façon à produire un intérêt de 6 1/2 0/0 sans que le prix des loyers puisse jamais être augmenté sauf pour les boutiques et magasins comme il a été dit plus haut. Le revenu des 64 millions serait donc de 4 millions 160 mille francs.

Les intérêts payés à 3 0/0 étant de 1,920,000 francs auxquels il faut ajouter 1,560 mille francs pour amortissement et lots, on obtiendrait un reliquat de 650,000 fr. qui pourrait être employé à l'entretien des constructions à rétribuer les personnes des crèches et asiles et en secours et primes d'encouragement aux mères de famille reconnues les plus méritantes sous tous les rapports, car il ne faut pas oublier que ce sont les bonnes mères qui font les bons citoyens par la bonne éducation qu'elles savent donner à leurs enfants.

AVANTAGES DU PROJET

Il est aisé de se rendre compte de prime abord des avantages résultant de l'exposé qui précède.

La population des groupes trouverait réunies toutes les commodités. Il serait facile à tous les ménages de s'entendre, de former des sociétés de consommation, ce qui leur permettrait d'avoir des produits de première qualité à des prix relativement peu élevés,

Les mères de famille pourraient laisser leurs enfants en bas âge à la crèche ou à l'asile et pourraient alors vaquer constamment à leurs occupations.

On arriverait certainement à réduire dans une grande proportion la mortalité des enfants en bas âge, si considérable aujourd'hui et la cause majeure de la dépopulation de la France qui tend à s'accentuer de plus en plus. Dans les salles de réunion des groupes, il y aurait de temps en temps des conférences intéressantes et instructives auxquelles se rendraient avec plaisir les ouvriers et petits employés. Les liens de fraternité se resserreraient tous les jours davantage au sein de ces groupes de constructions et il en résulterait un bien immense pour les classes laborieuses.

On ne peut douter du désir du Conseil municipal de trouver rapidement la solution de la question des logements à bon marché pour les ouvriers et petits employés.

Il faut espérer que la proposition que je lui soumets attirera toute son attention. Il ne pourrait être arrêté par la crainte de n'avoir que des locataires insolvables, car la perception des loyers se ferait par les soins du percepteur et de la même façon que les impôts.

Tout locataire qui se laisserait expulser ne pourrait être réadmis dans les logements des groupes, avant d'avoir remboursé son loyer arriéré et les frais qu'il aurait occasionnés, y compris les intérêts. Quant à celui dont l'expulsion serait le résultat de l'inconduite, toute demande de sa part serait considérée comme non avenue.

AUTRE COMBINAISON

La Ville de Paris pourrait encore adopter un autre système qui a quelque analogie avec la proposition faite au Conseil Municipal par M. J. Manier et qui consistait dans l'achat intégral par voie d'expropriation de toute la Ville de Paris,

On pourrait mettre en adjudication la location de tous les terrains appartenant à la Ville, avec une mise à prix minima calculée à raison de 5 0/0 sur la valeur de ces terrains et l'obligation pour le preneur d'avoir à construire dans un délai fixé et conformément aux plans arrêtés. La durée des locations aurait une période de 99 ans au maximum, après laquelle les constructions deviendraient la propriété de la Ville.

Les soumissionnaires offrant la période la plus courte seraient déclarés adjudicataires.

De cette façon, la Ville au bout d'un nombre d'années déterminé serait en possession de revenus immenses obtenus sans nuire à personne.

La Ville, en faisant procéder aux expropriations pour l'ouverture des nouvelles voies dont j'ai déjà parlé, devrait prévoir, comme devant lui rester disponible, après le percement de ces voies, une bordure de terrains d'au moins vingt mètres de profondeur de chaque côté. L'expropriation se ferait donc sur une largeur de soixante-dix mètres environ au lieu de trente, largeur normale.

La location de ces terrains en bordure serait calculée en prenant pour base la dépense totale faite par la Ville pour toutes ces opérations.

Par ce procédé, le prix de location payerait les intérêts et toutes les constructians édifiées sur ces voies faisant retour à la Ville à l'expiration du nombre d'années fixé, le revenu qu'elle en tirerait lui permettrait d'éteindre rapidement sa dette.

On serait, après ce premier essai, bien vite convaincu que plus la Ville ouvrirait de belles voies plus elle augmenterait ses ressources, tandis que le système employé jusqu'ici par nos édiles pour ce genre d'opérations n'a servi qu'à faire la fortune de quelques spéculateurs.

Le vieux Paris pourrait alors disparaître et en même temps les épidémies qui font si souvent leur apparition dans ces quartiers privés d'air et de lumière où grouille souvent dans une seule pièce basse, étroite et enfumée, une famille entière dans un état de honteuse promiscuité.

Il est inutile de s'étendre longuement sur les résultats bienfaisants des constructions ouvrières telles que je viens de les décrire.

Par les moyens directs de locomotion à prix réduit, vingt minutes suffiraient pour aller du point le plus éloigné au centre de Paris.

Nous pensons que le Conseil Municipal trouvera difficilement au milieu de toutes les propositions qu'il a à examiner un projet plus pratique et réunissant des avantages aussi sérieux.

Il n'est pas question bien entendu de loger tous les ouvriers ni tous les petits employés, ce qui serait d'ailleurs impossible. Ce projet a pour but principal de venir en aide aux pères de familles, et de leur permettre d'élever soigneusement leurs enfants. Il aurait encore l'avantage de permettre aux jeunes ouvrières qui viennent à Paris et qui ont le désir de rester honnêtes, de trouver des chambres à bas prix, ce qui ne les pousserait pas à se livrer au premier venu pour se faire payer leur loyer.

Il appartient à tous les Conseils Municipaux des grandes villes de France, de faire en petit ce qui se ferait en grand à Paris.

AUX ÉLECTEURS

Electeurs, qui attendez toujours les réformes sociales promises depuis si longtemps, réfléchissez.

Par votre bulletin de vote vous tenez votre sort entre vos mains. Repoussez les intrigants politiques dont vous n'avez été jusqu'ici que les marche-pieds et sachez choisir avec soin et sagacité les hommes susceptibles de défendre et de faire triompher les idées puisées à la source de la Justice, de la vraie Liberté et de la Solidarité humaine.

Laissez de côté une fois pour toutes les questions de personnes et de partis politiques. Ce sont des réformes sociales qu'il faut pour arriver à l'amélioration du sort des travailleurs. Quels sont ceux disposés à faire ces réformes qui doivent abolir les privilèges des classes dirigeantes? Sont-ce les millionnaires qui n'ont jusqu'ici sollicité vos suffrages, en se disant républicains, que pour faire opposition par leurs intrigues et leurs votes à ce qui peut porter atteinte à ces privilèges, dont ils espèrent bien jouir éternellement?

Non, vous devez le comprendre.

Rendez donc à la vie privée tous ceux qui font la sourde oreille et que la base des prochains programmes électoraux que vous exigerez des candidats soit, Justice, Réformes sociales, Liberté, Travail.

P. LALANNE.

TABLE DES MATIÈRES

Paris. — Imprimerie LOMBARDIN, 148, Boulevard Voltaire

DÉPOSITION DE M. LALANNE

DEVANT LA COMMISSION D'ENQUÊTE

M. LE PRÉSIDENT. — Monsieur Lalanne, vous êtes entrepreneur de plomberie, d'appareils et de canalisation pour le gaz.

Vous avez exprimé le désir d'être entendu ?

M. LALANNE. — Oui, monsieur le président.

M. LE PRÉSIDENT. — Avez-vous préparé des réponses au questionnaire ?

M. LALANNE, — Oui, monsieur le président.

M. LE PRÉSIDENT. — Veuillez en donner lecture à la commission.

M. LALANNE. — Je suis entrepreneur de plomberie, d'appareils et de canalisation pour le gaz.

Cette corporation, comme toutes les autres, se ressent de la crise actuelle, mais il y a plutôt un grand malaise, un très sérieux ralentissement qu'un véritable chômage.

Le nombre des ouvriers employés dans la partie est d'environ 2,500 compagnons ; celui des aides est au moins égal, sinon supérieur à ce chiffre.

Les journées sont de huit heures en hiver et de neuf heures en été.

En temps normal, les salaires sont de 7 fr. et de 7 fr. 50 par jour. Ces prix sont les mêmes pour les journées d'été. On ne diminue pas les salaires en temps de chômage, mais on fait alors un choix des ouvriers, on conserve de préférence les bons, et dans ce cas on peut dire qu'il y a réellement chômage pour les mauvais ouvriers.

Il y a 20 ans, un compagnon gagnait de 4 à 4 fr. 50 par journée de 10 heures, c'est-à-dire qu'en travaillant plus qu'aujourd'hui, il gagnait presque moitié moins.

Le malaise du moment augmenterait bientôt dans de plus grandes proportions, si l'on ne faisait pas de nouvelles constructions. On peut aujourd'hui évaluer l'intensité du chômage à environ 18 p. 100.

Il n'existe pas dans la corporation de caisses de secours et de retraites. Les ouvriers, en général, paraissent peu disposés à entrer dans les combinaisons qu'on pourrait leur proposer dans leur propre intérêt et ne verraient d'un bon œil que des caisses alimentées exclusivement par les patrons, ce qui serait évidemment fort commode pour eux. Ils ne demandent pas mieux qu'on assure le pain de leurs vieux jours, mais à la condition qu'eux-mêmes n'auront rien à faire pour y parvenir.

A mon avis, la participation dans les bénéfices serait ce qu'il y aurait de mieux, et je serais pour mon compte, entièrement disposé à adopter ce système et à le mettre en œuvre si les ouvriers laborieux et sérieux ne devenaient pas de plus en plus rares.

Les causes de la crise sont multiples. Il y a d'abord le nombre considérable de constructions des dernières années, constructions dont la location est très difficile parce que les loyers y sont beaucoup trop chers.

On a plus construit en 2 ans que pendant 4 ou 5 années ordinaires et, après avoir surexcité la fièvre des entreprises, les sociétés financières ont resserré le crédit.

L'établissement de la Série des prix de la Ville a également contribué à la crise : cette série établit un prix de journée minimum pour chaque corporation ; elle relève les salaires d'une façon uniforme, ce qui est absurde et injuste, car tout travailleur doit être payé selon sa valeur. C'est, du reste, son propre intérêt.

Une des causes principales de l'aggravation de la crise, et qui menace de devenir un danger sérieux pour l'avenir, c'est la cherté toujours croissante de la main d'œuvre.

On ne cesse depuis longtemps de flagorner l'ouvrier, on lui parle toujours de ses droits et jamais de ses devoirs. On lui crie à tout propos qu'il est victime de l'exploitation et de la rapacité de ceux qui l'emploient et qu'il faut les faire disparaître.

Il serait bien plus juste de dire que c'est l'ouvrier qui est l'ennemi du patron et souvent la cause de sa ruine, si le patron n'exerce pas sur lui une surveillance constante et de tous les instants. On paie des journées de 8 ou 9 heures à l'ouvrier ; mais je mets en fait — et je défie toute personne connaissant l'ouvrier et l'ayant observé de me contredire — je mets en fait, dis-je, que l'ouvrier ne travaille pas d'une façon réelle, effective, plus de 5 heures sur 8.

Que l'ouvrier compare sa situation avec celle du petit employé, qui gagne tout juste de quoi ne pas mourir de faim et qui cache la plupart du temps un ventre vide sous un paletot obligatoire dont le prix représente pour lui des privations qui effrayeraient l'ouvrier ; qu'il compare son état avec celui de ces malheureux agents des compagnies d'omnibus qui travaillent quatorze ou seize heures par jour pour gagner 3 fr. 50 et qui couchent sur la paille sans murmurer contre leur sort !

Songe-t-on à s'occuper de ces employés, qui représentent la partie la plus instruite et la plus laborieuse de la classe ouvrière, car eux aussi ne sont que des ouvriers. Songent-ils, eux, qui ont tant à se plaindre, à faire des émeutes ?

Non, l'ouvrier, à l'heure actuelle, n'a pas le sort le plus à plaindre. Il gagne le double de ce que gagnaient autrefois la plupart des patrons dont ils se plaignent, et qui n'étaient que des ouvriers comme eux, mais des ouvriers qui ont su se priver, amasser petit à petit, à force de labeur et d'économie un petit pécule qui leur a permis d'arriver à un petit patronat.

Au lieu de hurler contre ces patrons-là, qui forment la majorité, que l'ouvrier les prenne pour modèles, et il ira moins souvent engouffrer au cabaret, où il s'empoisonne, s'abrutit et se dégrade, une partie de son salaire. Il fera alors quelques économies pour le temps de chômage et il arrivera, comme tant d'autres, à un petit patronat.

Mais ce n'est malheureusement pas à leur faire entendre ce raisonnement que les orateurs des clubs emploient leur éloquence. L'ouvrier devrait savoir que ces orateurs, ces fauteurs de désordres et d'émeutes ne sont pas des ouvriers, qu'ils sont au contraire ses vrais exploiteurs, se faisant des revenus avec le montant des entrées des réunions où ils le convient. Les a-t-on jamais vus sur un chantier quelconque, si ce n'est pour y prêcher la révolte ? De quoi vivent ces individus dont le plus grand travail s'effectue à la brasserie, où la bière est aussi allemande que le patron qui la vend !

L'ouvrier peut donc dire qu'il est en grande partie la cause du mal dont il se plaint aujourd'hui. Il recueille les fruits des prédications insensées qu'il a eu la bêtise d'écouter et des grèves absurdes qu'il a faites, dont le résultat le plus clair est de nous avoir livrés sans défense à la merci de la concurrence étrangère, déjà si favorisée par le désastreux traité de commerce que la force primant le droit nous a imposé.

Il ne faut pas se le dissimuler, le mal est grand. Comment l'atténuer ? Sans doute, à Paris, le conseil municipal peut provoquer de nouvelles constructions, de nouveaux percements. Il peut hâter la mise à exécution des travaux projetés qu'il a approuvés et qui subit la lenteur habituelle des formalités administratives, lenteur telle en toutes choses qu'elle provoque quelquefois la ruine des malheureux entrepreneurs obligés d'attendre pendant plus de deux ans le payement des travaux exécutés. Je signale en passsant cette épouvantable lenteur à M. le ministre de l'intérieur, qui est le chef hiérarchique de M. le préfet de la Seine.

Ces travaux ne peuvent être malheureusement qu'un palliatif momentané, à moins qu'un sentiment plus général de solidarité ne s'établisse dans les relations entre le capital et le travail, mais il ne semble pas qu'on entre dans cette voie ; l'ouvrier n'a pas les moindres notions économiques et se figure maintenant que dans la société il est tout et le reste rien ; il n'a été qu'à l'école du club, et c'est tout ce qu'on lui a appris.

La législation serait seule, impuissante à réagir contre d'aussi déplorables tendances. Il faut que ce sentiment de solidarité pénètre dans les mœurs et fasse disparaître l'esprit d'antagonisme et de lutte qui travaille la société. Ah ! si le Gouvernement pouvait dire aux anarchistes, communistes, etc. : « Vous prétendez que votre système est le seul bon. On va vous donner à chacun une somme égale et une étendue de terrain assez considérable ; là, sans autre législation que votre volonté, vos principes, vous ferez l'expérience de ce système qui est à vos yeux la source du bien-être général, et on verra à quoi vous aboutirez ; » l'anarchisme et le communisme tomberaient bien vite au milieu de la risée des propres partisans de ces idées, si tant est qu'il y en ait réellement de convaincus, ce qui est fort douteux d'ailleurs.

Mais ce que nos législateurs peuvent faire, la réforme qu'ils auraient dû opérer depuis longtemps sous un régime démocratique, c'est celle de l'assiette de l'impôt. Là serait, en effet, un remède efficace dont l'annonce a paru dans tous les programmes électoraux, dans toutes les professions de foi des mandataires élus.

On regarde toujours si l'on voit venir enfin cette œuvre d'équité, cette amélioration du sort du pauvre, du petit commerce et de l'industrie, aujourd'hui accablés de charges, et l'on n'entend que le bruit des intrigues et des discussions politiques stériles et énervantes qui ont amené tant d'abstentions à chaque élection dernière.

Mais, quand je parle d'une réforme de l'impôt, je n'entends pas parler de réformes aussi stupéfiantes que

celles dont la presse a parlé récemment et qu'on attribue
à la commission dont M. Ballue est le rapporteur. J'aime
mieux croire que c'est une plaisanterie de mauvais goût
due à l'imagination du parti réactionnaire, dans un but
facile à deviner. Non, il ne peut être entré dans l'esprit et
le cœur d'un législateur français de proposer d'imposer
la rente française, qui représente l'épargne nationale,
l'économie du travailleur arrivé au terme de sa carrière.
Un Français ne peut vouloir la fuite des capitaux à
l'étranger, lorsqu'au contraire on doit tout mettre en
œuvre pour les attirer.

Il n'a pu être question davantage de cette idée inhu-
maine et injuste, qui consisterait à frapper le salaire de
l'employé qui n'a pas de quoi vivre, au lieu de chercher
à le relever, comme on aurait dû le faire depuis longtemps. On a dû encore moins songer à frapper d'un impôt les brevets d'invention qui sont le fruit de l'intelligence, du génie du travailleur, l'honneur du pays, et qui
coûtent déjà si cher à de pauvres diables qui ne peuvent
la plupart du temps les exploiter, faute de ressources.
Le pays n'est pas trop riche en génies depuis un certain
laps de temps et il n'est pas possible qu'on veuille faire
passer à l'étranger des inventeurs qu'on doit chercher à
retenir par tous les moyens. Je ne veux pas m'arrêter
plus longtemps à de pareilles insanités.

Non, je viens vous dire : Voulez-vous améliorer le
sort des classes laborieuses ? voulez-vous briser les entraves qui paralysent le commerce et l'industrie tout
entière ? Si oui, abolissez les octrois qui frappent le salaire
du pauvre et n'atteignent presque pas le riche ; supprimez l'impôt alimentaire, source des fraudes et des falsifications de toute nature qui compromettent la santé
publique ; supprimez la patente, qui est l'impôt sur le
droit au travail ; supprimez l'impôt des portes et fenêtres, qui frappe l'air qu'on respire et la lumière, nécessaires à la vie ; supprimez les cotes personnelle et mobilière, le timbre-quittance, si vexatoire.

Faites reviser le cadastre, opération si équitable, si nécessaire et qui démontrera que la fortune publique de la France est de plus de 400 milliards. Créez un impôt unique sur cette fortune publique : vous obtiendrez alors, en vous conformant aux règles de la justice, aux principes de la solidarité humaine, des ressources immenses qui non seulement vous permettront de parer aux difficultés financières au milieu desquelles se débat le Gouvernement, mais vous permettront encore de soulager bien des misères et de donner un essor prodigieux au commerce et à l'industrie. Là serait la fin des grèves, des crises ouvrières, des émeutes et des révolutions.

Je supplie les députés de vouloir bien se décider enfin à mettre à l'étude le projet dans ce sens que j'ai déposé à deux reprises différentes à la Chambre l'année dernière et une troisième fois entre les mains de M. le président Brisson, le 10 janvier dernier.

M. LE PRÉSIDENT. — La commission vous remercie, monsieur, de votre intéressante communication.

PROJET

PRÉSENTÉ AU CONSEIL MUNICIPAL

PAR LE GROUPE RÉPUBLICAIN

des Amis du Travail et de la Liberté du Ve Arrondissement

A. — Aussitôt après la validation des élections muni-
cipales, le Conseil, à sa première réunion et après la
formation de son bureau, nommera une Commission de
de douze membres, chargée de s'entendre avec l'Administration pour que, dans le délai d'un mois, elle soit en
état de déposer sur le bureau du Conseil un rapport
détaillé avec plans et devis, tendant à la création d'une
grande salle de réunion dans chacun des 20 arrondissements de Paris. La construction de ces salles, qui
devront pouvoir contenir de 4 à 5,000 personnes, sera
mise en adjudication à laquelle participeront les associa-
tions ouvrières et devra être terminée pour le mois
d'octobre prochain. Dans ces grandes salles, les Conseillers et les Députés seront tenus de venir au moins
tous les 3 mois, rendre compte de leur mandat à leurs
électeurs et prendre note des observations et des vœux
qui leur seront transmis : c'est là que le peuple pourrait faire l'éducation politique dont il a tant besoin.

En contiguité de chacune de ces grandes salles seront
aménagées cinq ou six petites autres salles de 100 places
environ, et mises en permanence à la disposition des
différents groupes qui pourront y venir étudier et discuter les questions sociales de manière que toutes les
idées puissent se faire jour et se développer. Le public
aurait ainsi le temps et les moyens de connaître la

valeur des hommes qu'il pourrait, à un moment donné, investir de sa confiance et aurait alors des garanties qui lui échappent aujourd'hui presque toujours.

Pour éviter les lenteurs administratives et les chiffres exorbitants de dépense que l'administration a l'habitude de présenter, la commission fera bien de faire directement appel aux différents particuliers qui dans tous les quartiers de Paris, ont des propriétés à vendre qu'ils se chargeront eux-mêmes d'approprier d'après les plans fournis et dans les délais prescrits, de manière que tout soit achevé pour le 15 octobre prochain.

B. — Une autre Commission de douze membres sera également formée au sein du Conseil Municipal et aura pour mission d'examiner et d'étudier tous les projets et propositions qui seraient présentés au Conseil, avec l'obligation de fournir, dans le plus court délai possible, et au plus tard, à la fin de chaque mois, un rapport sur chaque proposition dont elle aura été saisie.

Ce rapport sera discuté par le Conseil en séance, et le résultat de cette discussion porté à la connaissance des électeurs dans les salles de réunions dont il a été parlé, le jour fixé périodiquement par les électeurs pour chaque séance publique. Les auteurs des projets et propositions, présents à la réunion pourraient faire, sur le rapport de la Commission, les observations qu'ils jugeraient nécessaires.

On éviterait ainsi l'enterrement habituel auquel sont condamnés presque toujours les projets et propositions déposés par les particuliers, même lorsque ces projets présentent un grand caractère d'utilité pratique. N'est-il pas en effet honteux qu'on en soit encore réduit là, après 14 ans de République ?

C. — Une Commission de vingt membres serait créée

et chargée d'étudier le fonctionnement de tous les rouages administratifs tels qu'ils existent actuellement, de rechercher les améliorations tant désirées et toujours attendues, et dont les principales sont la suppression de tous les services inutiles, la réorganisation du service d'Architecture et de sa comptabilité dont les entrepreneurs ont tant à se plaindre tant par les lenteurs qu'elle apporte en toutes choses que par l'inextricable complication dont elle a été enveloppée systématiquement ; la diminution du nombre des employés par voie d'extinction, l'augmentation de leur nombre d'heures de travail et proportionnellement de leurs salaires, afin qu'ils puissent vivre de leur travail ; la suppression des indemnités scandaleuses accordées, à propos de tout, aux gros appointés, chefs de division et de bureau.

Cette Commission de réorganisation recevrait en outre toutes les plaintes des contribuables sur les procédés administratifs et les lenteurs dans la signature préfectorale dont ils auraient à se plaindre, et elle procéderait à une enquête dont les résultats seraient portés à la connaissance des intéressés et du public.

Cette Commission s'enquerrait de tous les renseignements nécessaires à sa mission, par l'audition de tous les employés de chaque service dont les noms et les dépositions seraient tenus absolument secrets. Elle ferait de droit partie de la Commission administrative d'examen pour la nomination et l'avancement des employés. Les programmes des concours, en dehors des sujets ordinaires, devront contenir un rapport sur les améliorations et les réformes que chaque candidat jugera utiles, en ce qui concerne l'Administration.

Concurremment avec ces trois Commissions fonctionneront les Commissions de voirie, de salubrité et d'hygiène publique, chargées de proposer l'expropriation de tous les immeubles dont les propriétaires ne se seraient pas conformés aux règlements relatifs à l'hygiène et à la salubrité des logements. Ces propositions seront toujours précédées des recherches relatives aux bénéfices que la Ville peut tirer des opérations d'expropriation et d'ouvertures de voies nouvelles. Pour toute ouverture de voie, l'expropriation pour cause d'utilité publique devra être prononcée pour toute la partie des immeubles devant profiter de la plus-value produite par l'opération de percement, afin que ce soit la Ville elle-même, c'est-à-dire tous les citoyens, qui profite de cette plus-value, et non quelques spéculateurs.

D. — Enfin, une autre commission se mettra immédiatement à la recherche des moyens les plus prompts et les plus pratiques d'arriver à la Création de la Caisse de retraite des Invalides du Travail.

A cet effet, il pourra être acheté le plus à proximité possible de Paris, ou dans les départements limitrophes de préférence, un vaste terrain sur lequel serait édifié un immense Familistère, sur le modèle du familistère de Guise, et où seraient pris comme pensionnaires tous les invalides du travail des deux sexes, à partir de 60 ans d'âge. Mais là seraient également créées une ou plusieurs Compagnies agricoles dans lesquelles entreraient tous les hommes et jeunes gens de bonne volonté, pour cultiver les terrains réservés à cet effet auprès du Familistère, à l'aide des moyens les plus simples et les plus doux, c'est-à-dire avec toutes les machines et les instruments aratoires connus. Les bénéfices de ces travaux serviraient à recueillir tous les enfants abandonnés qui seraient soignés et élevés par les femmes pensionnaires au Familistère. Les travailleurs de ces bataillons agricoles seraient nourris, logés et habillés, et après 2 ou 3 ans obtiendraient le diplôme de professeurs agricoles et pourraient être appelés à diriger les fermes agricoles coloniales proposées au projet d'organisation agricole, (voir page 53) tandis qu'aujourd'hui, faute de travail, combien de jeunes gens se laissent aller sur la voie du vice et du crime et finissent leur existence dans les prisons, tandis que par le moyen que j'indique, ils pourraient se créer une existence honorable. Là serait la ressource de tous les déshérités du sort, de tous ceux qu'a frappés un malheur inattendu, victimes d'une faillite ou d'une catastrophe quelconque. En moins de trois ans ils seraient en état de se créer une nouvelle situation indépendante et honorable, au grand avantage du pays qui verrait la science agricole progresser et atteindre son apogée.

C'est vers ce but que doivent tendre tous les efforts des vrais patriotes.

C'est avec le concours de ces hommes que nous pourrions enfin tirer du sol de nos colonies, acquises au prix de tant de sacrifices, les immenses trésors de toute nature qu'il renferme et dont on a su profiter si peu jusqu'à ce jour.

LALANNE

Le Groupe Républicain des Amis du Travail, de la Justice et de la Liberté du Ve Arrondissement, après avoir, dans ses réunions, étudié et discuté de la façon la plus sérieuse les projets du citoyen Lalanne, déclare y donner sa complète adhésion et a l'honneur de les recommander à la sérieuse attention du Conseil municipal.

Pour le Groupe :

Le Président,

MOUILLAUX

www.ingramcontent.com/pod-product-compliance
Lightning Source LLC
Chambersburg PA
CBHW051550050726
47595CB00002B/719